COCINA CHINA 2022

RECETAS EXQUISITAS PARA PRINCIPIANTES

JUAN FERNANDEZ

Tabla de contenido

*Introducción .... **Errore. Il segnalibro non è definito.***
Carpa agridulce 10
Carpa con Tofu 12
Rollos de pescado con almendras 14
Bacalao con brotes de bambú 16
Pescado con brotes de soja 18
Filetes de Pescado en Salsa Morena 20
Tortas De Pescado Chinas 21
Pescado frito crujiente 22
Bacalao Frito 23
Pescado de cinco especias 24
Palitos de pescado fragantes 25
Pescado con Pepinillos 26
Bacalao con jengibre 27
Bacalao con Salsa Mandarina 29
Pescado con Piña 31
Rollos de Pescado con Cerdo 33
Pescado al vino de arroz 35
Pescado frito 36
Pescado con semillas de sésamo 37
Bolas de pescado al vapor 38
Pescado Agridulce Marinado 39
Pescado con Salsa de Vinagre 40
Anguila frita 42
Anguila cocida en seco 43
Anguila con Apio 45
Pimientos Rellenos De Abadejo 46
Abadejo en salsa de frijoles negros 47
Pescado en Salsa Morena 48
Pescado de cinco especias 49
Abadejo con Ajo 50
Pescado picante 51

Abadejo de jengibre con Pak Soi 53
Trenzas de eglefino 55
Rollos de pescado al vapor 56
Halibut con Salsa de Tomate 58
Rape con Brócoli 59
Salmonete con salsa de soja espesa 61
West Lake Fish 62
Solla Frita 63
Solla al vapor con champiñones chinos 64
Solla con Ajo 65
Solla con Salsa de Piña 66
Salmón con Tofu 68
Pescado Marinado Frito 69
Trucha con Zanahorias 70
Trucha Frita 71
Trucha con Salsa de Limón 72
Atún chino 74
Filetes de pescado adobados 76
Langostinos con Almendras 77
Langostinos al anís 78
Langostinos con Espárragos 79
Langostinos con Tocino 80
Bolas de gambas 81
Langostinos a la brasa 83
Langostinos con brotes de bambú 84
Langostinos con Brotes de Judía 85
Langostinos con Salsa de Frijoles Negros 86
Langostinos con Apio 88
Langostinos Salteados con Pollo 89
Langostinos al Ají 90
Chop Suey de gambas 91
Chow Mein de gambas 92
Langostinos con Calabacines y Lichis 93
Langostinos con Cangrejo 95
Langostinos con Pepino 97
Langostinos al curry 98

Curry de gambas y champiñones *99*
Langostinos Fritos *100*
Langostinos rebozados fritos *101*
Empanadillas de Langostinos con Salsa de Tomate *102*
Hueveras y Gambas *104*
Rollitos de huevo de gambas *105*
Langostinos al Lejano Oriente *107*
Langostino Foo Yung *109*
Papas Fritas De Gambas *110*
Langostinos Fritos en Salsa *112*
Langostinos escalfados con jamón y tofu *114*
Pollo con brotes de bambú *115*
Jamón al vapor *116*
Tocino con Repollo *117*
Pollo con almendras *118*
Pollo con Almendras y Castañas de Agua *120*
Pollo con Almendras y Verduras *121*
Pollo al anís *123*
Pollo con Albaricoques *124*
Pollo con Espárragos *125*
Pollo con Berenjena *126*
Pollo enrollado con tocino *127*
Pollo con Brotes de Frijoles *128*
Pollo con Salsa de Frijoles Negros *129*
Pollo con Brócoli *130*
Pollo con Repollo y Maní *131*
Pollo con Anacardos *132*
Pollo con Castañas *134*
Pollo picante *135*
Pollo Salteado con Chile *137*
Chop Suey de Pollo *139*
Pollo chow mein *141*
Pollo crujiente con especias *143*
Pollo Frito con Pepino *145*
Pollo al curry con chile *147*
Pollo al curry chino *148*

Pollo al curry rápido *149*
Pollo al Curry con Patatas *150*
Patas de pollo fritas *151*
Pollo Frito con Salsa de Curry *152*
pollo borracho *153*
Pollo Salado con Huevos *155*
Rollos de huevo de gallina *157*
Pollo Estofado con Huevos *159*
Pollo del Lejano Oriente *161*
Pollo Foo Yung *162*
Jamón y Pollo Foo Yung *163*
Pollo Frito con Jengibre *164*
Pollo al jengibre *165*
Pollo al Jengibre con Champiñones y Castañas *166*
Pollo dorado *167*
Estofado De Pollo Dorado Marinado *168*
Monedas de oro *170*
Pollo al vapor con jamón *171*
Pollo con Salsa Hoisin *172*
Pollo con miel *174*
Pollo kung pao *175*
Pollo con Puerros *176*
Pollo al limón *177*
Salteado De Pollo Al Limón *179*
Hígados de pollo con brotes de bambú *181*
Hígados de pollo fritos *182*
Hígados de Pollo con Mangetout *183*
Hígados de pollo con tortitas de fideos *184*
Hígados de pollo con salsa de ostras *185*
Hígados de Pollo con Piña *186*
Hígados de pollo agridulces *187*
Pollo con Lichis *188*
Pollo con Salsa de Lichi *189*
Pollo con Mangetout *191*
Pollo con Mangos *192*
Melón Relleno De Pollo *194*

Salteado de Pollo y Champiñones 195
Pollo con Champiñones y Cacahuetes 196
Pollo Salteado con Champiñones 198
Pollo al vapor con champiñones 200
Pollo con Cebolla 201
Pollo a la naranja y al limón 202
Pollo con Salsa de Ostras 203
Paquetes de pollo 204
Pollo con Maní 205
Pollo con Mantequilla de Maní 206
Pollo con Guisantes 208
Pollo de Pekín 209
Pollo con Pimientos 210
Pollo Salteado con Pimientos 212
Pollo y Piña 214
Pollo con Piña y Lichis 215
Pollo con Cerdo 216

Carpa agridulce

Para 4 personas

1 carpa grande o pescado similar
300 g / 11 oz / ¬œ taza de harina de maíz (maicena)
250 ml / 8 fl oz / 1 taza de aceite vegetal
30 ml / 2 cucharadas de salsa de soja
5 ml / 1 cucharadita de sal
150 g / 5 oz / ¬Ω taza colmada de azúcar
75 ml / 5 cucharadas de vinagre de vino
15 ml / 1 cucharada de vino de arroz o jerez seco
3 cebolletas (cebolletas), finamente picadas
1 rodaja de raíz de jengibre, finamente picada
250 ml / 8 fl oz / 1 taza de agua hirviendo

Limpiar y escalar el pescado y remojarlo durante varias horas en agua fría. Escurrir y secar, luego marcar cada lado varias veces. Reserve 30 ml / 2 cucharadas de harina de maíz y luego mezcle gradualmente suficiente agua con la harina de maíz restante para hacer una masa firme. Cubra el pescado con la masa. Calentar el aceite hasta que esté muy caliente y sofreír el pescado hasta que esté crujiente por fuera, luego bajar el fuego y seguir friendo hasta que el pescado esté tierno. Mientras tanto, mezcle el resto de la harina de maíz, la salsa de soja, la sal, el azúcar, el vinagre de vino,

vino o jerez, cebolletas y jengibre. Cuando el pescado esté cocido, transfiéralo a un plato para servir tibio. Agregue la mezcla de salsa y el agua al aceite y deje hervir, revolviendo bien hasta que la salsa espese. Vierta sobre el pescado y sirva inmediatamente.

Carpa con Tofu

Para 4 personas

1 carpa

60 ml / 4 cucharadas de aceite de cacahuete

225 g / 8 oz de tofu, en cubos

2 cebolletas (cebolletas), finamente picadas

1 diente de ajo finamente picado

2 rodajas de raíz de jengibre, finamente picadas

15 ml / 1 cucharada de salsa de chile

30 ml / 2 cucharadas de salsa de soja

500 ml / 16 fl oz / 2 tazas de caldo

30 ml / 2 cucharadas de vino de arroz o jerez seco

15 ml / 1 cucharada de harina de maíz (maicena)

30 ml / 2 cucharadas de agua

Recorta, escala y limpia el pescado y marca 3 líneas en diagonal a cada lado. Calentar el aceite y sofreír el tofu suavemente hasta que se dore. Retirar de la sartén y escurrir bien. Agregue el pescado a la sartén y fríalo hasta que esté dorado, luego retírelo de la sartén. Vierta todo menos 15 ml / 1 cucharada de aceite y luego sofría las cebolletas, el ajo y el jengibre durante 30 segundos. Agrega la salsa de chiles, la salsa de soja, el caldo y el vino y lleva a ebullición. Agregue con cuidado el pescado a la sartén con

el tofu y cocine a fuego lento, sin tapar, durante unos 10 minutos hasta que el pescado esté cocido y la salsa reducida. Transfiera el pescado a un plato para servir caliente y vierta el tofu encima. Mezcle la harina de maíz y el agua hasta obtener una pasta, mezcle con la salsa y cocine a fuego lento, revolviendo, hasta que la salsa espese un poco. Vierta sobre el pescado y sirva de inmediato.

Rollos de pescado con almendras

Para 4 personas

100 g / 4 oz / 1 taza de almendras
450 g / 1 libra de filetes de bacalao
4 lonchas de jamón ahumado
1 cebolla tierna (cebolleta), picada
1 rodaja de raíz de jengibre, picada
5 ml / 1 cucharadita de harina de maíz (maicena)
5 ml / 1 cucharadita de azúcar
2,5 ml / ¬Ω cucharadita de sal
15 ml / 1 cucharada de salsa de soja
15 ml / 1 cucharada de vino de arroz o jerez seco
1 huevo, ligeramente batido
aceite para freír
1 limón cortado en gajos

Escaldar las almendras en agua hirviendo durante 5 minutos, escurrir y picar. Cortar el pescado en cuadrados de 9 cm / 3 Ω y el jamón en cuadrados de 5 cm / 2. Mezclar la cebolleta, el jengibre, la maicena, el azúcar, la sal, la salsa de soja, el vino o jerez y el huevo. Sumerja el pescado en la mezcla y luego colóquelo sobre una superficie de trabajo. Cubra la parte superior con almendras y luego coloque una rebanada de jamón encima. Enrollar el pescado y atar

con cocción ,Calentar el aceite y freír los rollos de pescado durante unos minutos hasta que estén dorados. Escurrir sobre papel de cocina y servir con limón.

Bacalao con brotes de bambú

Para 4 personas

4 hongos chinos secos
900 g / 2 lb de filetes de bacalao, en cubos
30 ml / 2 cucharadas de harina de maíz (maicena)
aceite para freír
30 ml / 2 cucharadas de aceite de cacahuete
1 cebolla tierna (cebolleta), en rodajas
1 rodaja de raíz de jengibre, picada
sal
100 g / 4 oz de brotes de bambú, en rodajas
120 ml / 4 fl oz / ¬Ω taza de caldo de pescado
15 ml / 1 cucharada de salsa de soja
45 ml / 3 cucharadas de agua

Remojar los champiñones en agua tibia durante 30 minutos y luego escurrir. Deseche los tallos y corte las tapas. Espolvorea el pescado con la mitad

Harina de maíz. Calentar el aceite y sofreír el pescado hasta que se dore. Escurrir sobre papel de cocina y mantener caliente.

Mientras tanto, calentar el aceite y sofreír la cebolleta, el jengibre y la sal hasta que estén ligeramente dorados. Agrega los brotes de bambú y sofríe durante 3 minutos. Agregue el caldo y la salsa de soja, lleve a ebullición y cocine a fuego lento durante 3 minutos. Mezcle el resto de la harina de maíz hasta obtener una pasta con el agua, revuelva en la sartén y cocine a fuego lento, revolviendo, hasta que la salsa espese. Vierta sobre el pescado y sirva de una vez.

Pescado con brotes de soja

Para 4 personas

450 g / 1 lb de brotes de soja
45 ml / 3 cucharadas de aceite de maní (maní)
5 ml / 1 cucharadita de sal
3 rodajas de raíz de jengibre, picada
450 g / 1 lb de filetes de pescado, en rodajas
4 cebolletas (cebolletas), en rodajas
15 ml / 1 cucharada de salsa de soja
60 ml / 4 cucharadas de caldo de pescado
10 ml / 2 cucharaditas de harina de maíz (maicena)
15 ml / 1 cucharada de agua

Escaldar los brotes de soja en agua hirviendo durante 4 minutos y escurrir bien. Calentar la mitad del aceite y freír la sal y el jengibre durante 1 minuto. Agrega el pescado y sofríe hasta que esté ligeramente dorado y luego retíralo de la sartén. Calentar el aceite restante y freír las cebolletas durante 1 minuto. Añadir la salsa de soja y el caldo y llevar a ebullición. Regrese el pescado a la sartén, tape y cocine a fuego lento durante 2 minutos hasta que el pescado esté cocido. Mezcle la harina de maíz y el agua hasta obtener una pasta, revuelva en la sartén y cocine a fuego lento, revolviendo, hasta que la salsa se aclare y espese.

Filetes de Pescado en Salsa Morena

Para 4 personas

450 g / 1 libra de filetes de bacalao, en rodajas gruesas
30 ml / 2 cucharadas de vino de arroz o jerez seco
30 ml / 2 cucharadas de salsa de soja
3 cebolletas (cebolletas), finamente picadas
1 rodaja de raíz de jengibre, finamente picada
5 ml / 1 cucharadita de sal
5 ml / 1 cucharadita de aceite de sésamo
30 ml / 2 cucharadas de harina de maíz (maicena)
3 huevos batidos
90 ml / 6 cucharadas de aceite de cacahuete (maní)
90 ml / 6 cucharadas de caldo de pescado

Coloque los filetes de pescado en un bol. Mezclar el vino o jerez, la salsa de soja, las cebolletas, el jengibre, la sal y el aceite de sésamo, verter sobre el pescado, tapar y dejar macerar durante 30 minutos. Retire el pescado de la marinada y agregue la harina de maíz y luego sumérjalo en el huevo batido. Calentar el aceite y sofreír el pescado hasta que esté dorado por fuera. Vierta el aceite y agregue el caldo y cualquier adobo restante. Lleve a ebullición y cocine a fuego lento durante unos 5 minutos hasta que el pescado esté cocido.

Tortas De Pescado Chinas

Para 4 personas

450 g / 1 lb de bacalao picado (molido)
2 cebolletas (cebolletas), finamente picadas
1 diente de ajo machacado
5 ml / 1 cucharadita de sal
5 ml / 1 cucharadita de azúcar
5 ml / 1 cucharadita de salsa de soja
45 ml / 3 cucharadas de aceite vegetal
15 ml / 1 cucharada de harina de maíz (maicena)

Mezclar el bacalao, las cebolletas, el ajo, la sal, el azúcar, la salsa de soja y 10 ml / 2 cucharaditas de aceite. Amasar bien, espolvoreando con un poco de harina de maíz de vez en cuando hasta que la mezcla esté suave y elástica. Forme 4 pasteles de pescado. Calentar el aceite y freír los pasteles de pescado durante unos 10 minutos hasta que estén dorados, aplanándolos mientras se cocinan. Sirva caliente o fría.

Pescado frito crujiente

Para 4 personas

450 g / 1 libra de filetes de pescado, cortados en tiras
30 ml / 2 cucharadas de vino de arroz o jerez seco
sal y pimienta recién molida
45 ml / 3 cucharadas de harina de maíz (maicena)
1 clara de huevo, ligeramente batida
aceite para freír

Mezcle el pescado con el vino o jerez y sazone con sal y pimienta. Espolvoree ligeramente con harina de maíz. Batir la harina de maíz restante con la clara de huevo hasta que esté rígida y luego sumergir el pescado en la masa. Calentar el aceite y sofreír las tiras de pescado durante unos minutos hasta que se doren.

Bacalao Frito

Para 4 personas

900 g / 2 lb de filetes de bacalao, en cubos

sal y pimienta recién molida

2 huevos batidos

100 g / 4 oz / 1 taza de harina común (para todo uso)

aceite para freír

1 limón cortado en gajos

Condimente el bacalao con sal y pimienta. Batir los huevos y la harina hasta formar una masa y sazonar con sal. Sumerja el pescado en la masa. Calentar el aceite y sofreír el pescado durante unos minutos hasta que esté dorado y bien cocido. Escurrir sobre papel de cocina y servir con rodajas de limón.

Pescado de cinco especias

Para 4 personas

4 filetes de bacalao
5 ml / 1 cucharadita de polvo de cinco especias
5 ml / 1 cucharadita de sal
30 ml / 2 cucharadas de aceite de cacahuete
2 dientes de ajo machacados
2,5 ml / 1 en raíz de jengibre, picado
30 ml / 2 cucharadas de vino de arroz o jerez seco
15 ml / 1 cucharada de salsa de soja
unas gotas de aceite de sésamo

Frote el pescado con el polvo de cinco especias y sal. Calentar el aceite y sofreír el pescado hasta que esté ligeramente dorado por ambos lados. Retirar de la sartén y agregar los ingredientes restantes. Caliente, revolviendo, luego devuelva el pescado a la sartén y vuelva a calentar suavemente antes de servir.

Palitos de pescado fragantes

Para 4 personas

30 ml / 2 cucharadas de vino de arroz o jerez seco
1 cebolla tierna (cebolleta), finamente picada
2 huevos batidos
10 ml / 2 cucharaditas de curry en polvo
5 ml / 1 cucharadita de sal
450 g / 1 libra de filetes de pescado blanco, cortados en tiras
100 g / 4 oz de pan rallado
aceite para freír

Mezcle el vino o jerez, la cebolleta, los huevos, el curry en polvo y la sal. Sumerja el pescado en la mezcla para que las piezas queden cubiertas uniformemente y luego presiónelas en el pan rallado. Calentar el aceite y sofreír el pescado durante unos minutos hasta que esté crujiente y dorado. Escurrir bien y servir de inmediato.

Pescado con Pepinillos

Para 4 personas

4 filetes de pescado blanco

75 g / 3 oz de pepinillos pequeños

2 cebolletas (cebolletas)

2 rodajas de raíz de jengibre

30 ml / 2 cucharadas de agua

5 ml / 1 cucharadita de aceite de cacahuete

2,5 ml / ¬Ω cucharadita de sal

2,5 ml / ¬Ω cucharadita de vino de arroz o jerez seco

Colocar el pescado en un plato refractario y espolvorear con el resto de los ingredientes. Coloque sobre una rejilla en una vaporera, cubra y cocine al vapor durante unos 15 minutos sobre agua hirviendo hasta que el pescado esté tierno. Transfiera a un plato para servir caliente, deseche el jengibre y las cebolletas y sirva.

Bacalao con jengibre

Para 4 personas

225 g / 8 oz de puré de tomate (pasta)
30 ml / 2 cucharadas de vino de arroz o jerez seco
15 ml / 1 cucharada de raíz de jengibre rallada
15 ml / 1 cucharada de salsa de chile
15 ml / 1 cucharada de agua
15 ml / 1 cucharada de salsa de soja
10 ml / 2 cucharaditas de azúcar
3 dientes de ajo machacados
100 g / 4 oz / 1 taza de harina común (para todo uso)
75 ml / 5 cucharadas de harina de maíz (maicena)
175 ml / 6 fl oz / ¬œ taza de agua
1 clara de huevo
2,5 ml / ¬Ω cucharadita de sal
aceite para freír
450 g / 1 libra de filetes de bacalao, sin piel y en cubos

Para hacer la salsa, mezcle el puré de tomate, vino o jerez, jengibre, salsa de chile, agua, salsa de soja, azúcar y ajo. Lleve a ebullición y cocine a fuego lento, revolviendo, durante 4 minutos.

Batir la harina, la maicena, el agua, la clara de huevo y la sal hasta que quede suave. Calentar el aceite. Sumerja los trozos de pescado en la masa y fría durante unos 5 minutos hasta que estén bien cocidos y dorados. Escurrir sobre papel de cocina. Escurre todo el aceite y devuelve el pescado y la salsa a la sartén. Vuelva a calentar suavemente durante unos 3 minutos hasta que el pescado esté completamente cubierto de salsa.

Bacalao con Salsa Mandarina

Para 4 personas

675 g / 1½ lb filetes de bacalao, cortados en tiras

30 ml / 2 cucharadas de harina de maíz (maicena)

60 ml / 4 cucharadas de aceite de cacahuete

1 cebolla tierna (cebolleta), picada

2 dientes de ajo machacados

1 rodaja de raíz de jengibre, picada

100 g / 4 oz de champiñones, en rodajas

50 g / 2 oz de brotes de bambú, cortados en tiras

120 ml / 4 fl oz / ½ taza de salsa de soja

30 ml / 2 cucharadas de vino de arroz o jerez seco

15 ml / 1 cucharada de azúcar morena

5 ml / 1 cucharadita de sal

250 ml / 8 fl oz / 1 taza de caldo de pollo

Sumerja el pescado en la harina de maíz hasta que esté ligeramente cubierto. Calentar el aceite y sofreír el pescado hasta que se doren por ambos lados. Sácalo de la sartén. Agrega la cebolleta, el ajo y el jengibre y sofríe hasta que estén ligeramente dorados. Agrega las setas y los brotes de bambú y sofríe durante 2 minutos. Agregue los ingredientes restantes y lleve a hervir, revolviendo. Regrese el pescado a la sartén, tape y cocine a fuego lento durante 20 minutos.

Pescado con Piña

Para 4 personas

450 g / 1 libra de filetes de pescado
2 cebolletas (cebolletas), picadas
30 ml / 2 cucharadas de salsa de soja
15 ml / 1 cucharada de vino de arroz o jerez seco
2,5 ml / ¬Ω cucharadita de sal
2 huevos, ligeramente batidos
15 ml / 1 cucharada de harina de maíz (maicena)
45 ml / 3 cucharadas de aceite de maní (maní)
225 g / 8 oz de trozos de piña enlatados en jugo

Cortar el pescado en tiras de 2,5 cm / 1 en contra de la fibra y colocar en un bol. Agrega las cebolletas, la salsa de soja, el vino o jerez y la sal, mezcla bien y deja reposar 30 minutos. Escurre el pescado, desechando la marinada. Batir los huevos y la harina de maíz hasta obtener una masa y sumergir el pescado en la masa para cubrir, escurriendo el exceso. Calentar el aceite y sofreír el pescado hasta que esté ligeramente dorado por ambos lados. Reduzca el fuego y continúe cocinando hasta que estén tiernos. Mientras tanto, mezcle 60 ml / 4 cucharadas de jugo de piña con la masa restante y los trozos de piña. Coloque en una sartén a fuego suave y cocine a fuego lento hasta que esté completamente caliente, revolviendo continuamente. Disponer el

pescado cocido en un plato para servir caliente y vierta sobre la salsa para servir.

Rollos de Pescado con Cerdo

Para 4 personas

450 g / 1 libra de filetes de pescado

100 g / 4 oz de carne de cerdo cocida, picada (molida)

30 ml / 2 cucharadas de vino de arroz o jerez seco

15 ml / 1 cucharada de azúcar

aceite para freír

120 ml / 4 fl oz / ¬Ω taza de caldo de pescado

3 cebolletas (cebolletas), picadas

1 rodaja de raíz de jengibre, picada

15 ml / 1 cucharada de salsa de soja

15 ml / 1 cucharada de harina de maíz (maicena)

45 ml / 3 cucharadas de agua

Cortar el pescado en cuadrados de 9 cm / 3 Ω. Mezclar la carne de cerdo con el vino o jerez y la mitad del azúcar, esparcir por los cuadritos de pescado, enrollarlos y asegurarlos con una cuerda. Calentar el aceite y sofreír el pescado hasta que se dore. Escurrir sobre papel de cocina. Mientras tanto, caliente el caldo y agregue las cebolletas, el jengibre, la salsa de soja y el azúcar restante. Lleve a ebullición y cocine a fuego lento durante 4 minutos.

Mezcle la harina de maíz y el agua hasta obtener una pasta, revuelva en la sartén y cocine a fuego lento.

revolviendo, hasta que la salsa se aclare y espese. Vierta sobre el pescado y sirva de una vez.

Pescado al vino de arroz

Para 4 personas

400 ml / 14 fl oz / 1¬œ tazas de vino de arroz o jerez seco

120 ml / 4 fl oz / ¬Ω taza de agua

30 ml / 2 cucharadas de salsa de soja

5 ml / 1 cucharadita de azúcar

sal y pimienta recién molida

10 ml / 2 cucharaditas de harina de maíz (maicena)

15 ml / 1 cucharada de agua

450 g / 1 libra de filetes de bacalao

5 ml / 1 cucharadita de aceite de sésamo

2 cebolletas (cebolletas), picadas

Llevar a ebullición el vino, el agua, la salsa de soja, el azúcar, la sal y la pimienta y dejar hervir hasta que se reduzcan a la mitad. Mezcle la harina de maíz con el agua hasta obtener una pasta, revuélvala en la sartén y cocine a fuego lento, revolviendo, durante 2 minutos. Sazone el pescado con sal y espolvoree con aceite de sésamo. Agregue a la sartén y cocine a fuego lento durante unos 8 minutos hasta que esté cocido. Sirva espolvoreado con cebolletas.

Pescado frito

Para 4 personas

450 g / 1 libra de filetes de bacalao, cortados en tiras

sal

salsa de soja

aceite para freír

Espolvorear el pescado con sal y salsa de soja y dejar reposar 10 minutos. Calentar el aceite y sofreír el pescado durante unos minutos hasta que esté ligeramente dorado. Escurrir sobre papel de cocina y espolvorear generosamente con salsa de soja antes de servir.

Pescado con semillas de sésamo

Para 4 personas

450 g / 1 libra de filetes de pescado, cortados en tiras

1 cebolla picada

2 rodajas de raíz de jengibre, picadas

120 ml / 4 fl oz / ½ taza de vino de arroz o jerez seco

10 ml / 2 cucharaditas de azúcar morena

2,5 ml / ½ cucharadita de sal

1 huevo, ligeramente batido

15 ml / 1 cucharada de harina de maíz (maicena)

45 ml / 3 cucharadas de harina normal (para todo uso)

60 ml / 6 cucharadas de semillas de sésamo

aceite para freír

Coloca el pescado en un bol. Mezclar la cebolla, el jengibre, el vino o jerez, el azúcar y la sal, añadir al pescado y dejar macerar durante 30 minutos, volteando de vez en cuando. Batir el huevo, la maicena y la harina hasta formar una masa. Sumerja el pescado en la masa y luego presione en las semillas de sésamo. Calentar el aceite y sofreír las tiras de pescado durante aproximadamente 1 minuto hasta que estén doradas y crujientes.

Bolas de pescado al vapor

Para 4 personas

450 g / 1 lb de bacalao picado (molido)
1 huevo, ligeramente batido
1 rodaja de raíz de jengibre, picada
2,5 ml / ½ cucharadita de sal
pizca de pimienta recién molida
15 ml / 1 cucharada de harina de maíz (maicena) 15 ml / 1 cucharada de vino de arroz o jerez seco

Mezcle bien todos los ingredientes y forme bolas del tamaño de una nuez. Espolvoree con un poco de harina si es necesario. Disponer en una fuente refractaria poco profunda.

Coloque el plato sobre una rejilla en una vaporera, cubra y cocine al vapor sobre agua hirviendo a fuego lento durante unos 10 minutos hasta que esté cocido.

Pescado Agridulce Marinado

Para 4 personas

450 g / 1 libra de filetes de pescado, cortados en trozos

1 cebolla picada

3 rodajas de raíz de jengibre, picada

5 ml / 1 cucharadita de salsa de soja

sal y pimienta recién molida

30 ml / 2 cucharadas de harina de maíz (maicena)

aceite para freír

salsa agridulce

Coloca el pescado en un bol. Mezclar la cebolla, el jengibre, la salsa de soja, la sal y la pimienta, agregar al pescado, tapar y dejar reposar 1 hora, volteando de vez en cuando. Retirar el pescado de la marinada y espolvorear con harina de maíz. Calentar el aceite y sofreír el pescado hasta que esté crujiente y dorado. Escurrir sobre papel de cocina y colocar en un plato para servir caliente. Mientras tanto, prepara la salsa y vierte sobre el pescado para servir.

Pescado con Salsa de Vinagre

Para 4 personas

450 g / 1 libra de filetes de pescado, cortados en tiras

sal y pimienta recién molida

1 clara de huevo, ligeramente batida

45 ml / 3 cucharadas de harina de maíz (maicena)

15 ml / 1 cucharada de vino de arroz o jerez seco

aceite para freír

250 ml / 8 fl oz / 1 taza de caldo de pescado

15 ml / 1 cucharada de azúcar morena

15 ml / 1 cucharada de vinagre de vino

2 rodajas de jengibre de raíz, picado

2 cebolletas (cebolletas), picadas

Condimente el pescado con un poco de sal y pimienta. Batir la clara de huevo con 30 ml / 2 cucharadas de maicena y el vino o jerez. Mezcle el pescado en la masa hasta que esté cubierto. Calentar el aceite y sofreír el pescado durante unos minutos hasta que se dore. Escurrir sobre papel de cocina.

Mientras tanto, hierva el caldo, el azúcar y el vinagre de vino. Agregue el jengibre y la cebolleta y cocine a fuego lento durante

3 minutos. Licúa el resto de la harina de maíz hasta obtener una pasta con un poco de agua, revuelve

en la sartén y cocine a fuego lento, revolviendo, hasta que la salsa se aclare y espese. Vierta sobre el pescado para servir.

Anguila frita

Para 4 personas

450 g / 1 libra de anguila
250 ml / 8 fl oz / 1 taza de aceite de maní (maní)
30 ml / 2 cucharadas de salsa de soja oscura
30 ml / 2 cucharadas de vino de arroz o jerez seco
15 ml / 1 cucharada de azúcar morena
pizca de aceite de sésamo

Pele la anguila y córtela en trozos. Calentar el aceite y freír la anguila hasta que esté dorada. Retirar de la sartén y escurrir. Vierta todo menos 30 ml / 2 cucharadas de aceite. Recalentar el aceite y agregar la salsa de soja, el vino o jerez y el azúcar. Caliente, luego agregue la anguila y saltee hasta que la anguila esté bien cubierta y casi todo el líquido se haya evaporado. Espolvorear con aceite de sésamo y servir.

Anguila cocida en seco

Para 4 personas

5 hongos chinos secos

3 cebolletas (cebolletas)

30 ml / 2 cucharadas de aceite de cacahuete

20 dientes de ajo

6 rodajas de raíz de jengibre

10 castañas de agua

900 g / 2 lb de anguilas

30 ml / 2 cucharadas de salsa de soja

15 ml / 1 cucharada de azúcar morena

15 ml / 1 cucharada de vino de arroz o jerez seco

450 ml / ¬œ pt / 2 tazas de agua

15 ml / 1 cucharada de harina de maíz (maicena)

45 ml / 3 cucharadas de agua

5 ml / 1 cucharadita de aceite de sésamo

Remoje los champiñones en agua tibia durante 30 minutos, luego escurra y deseche los tallos. Corta 1 cebolla tierna en trozos y pica la otra. Calentar el aceite y sofreír los champiñones, los trozos de cebolleta, el ajo, el jengibre y las castañas durante 30 segundos. Agrega las anguilas y sofríe durante 1 minuto. Agregue la salsa de soja, el azúcar, el vino o

jerez y agua, llevar a ebullición, tapar y hervir a fuego lento durante 1 Ω horas, agregando un poco de agua durante la cocción si es necesario. Mezcle la harina de maíz y el agua hasta obtener una pasta, revuelva en la sartén y cocine a fuego lento, revolviendo, hasta que la salsa espese. Servir espolvoreado con aceite de sésamo y las cebolletas picadas.

Anguila con Apio

Para 4 personas

350 g / 12 oz de anguila

6 tallos de apio

30 ml / 2 cucharadas de aceite de cacahuete

2 cebolletas (cebolletas), picadas

1 rodaja de raíz de jengibre, picada

30 ml / 2 cucharadas de agua

5 ml / 1 cucharadita de azúcar

5 ml / 1 cucharadita de vino de arroz o jerez seco

5 ml / 1 cucharadita de salsa de soja

pimienta recién molida

30 ml / 2 cucharadas de perejil fresco picado

Despellejar y cortar la anguila en tiras. Corta el apio en tiras. Calentar el aceite y freír las cebolletas y el jengibre durante 30 segundos. Agrega la anguila y sofríe durante 30 segundos. Agrega el apio y sofríe durante 30 segundos. Agrega la mitad del agua, el azúcar, el vino o jerez, la salsa de soja y la pimienta. Lleve a ebullición y cocine a fuego lento durante unos minutos hasta que el apio esté tierno pero aún crujiente y el líquido se haya reducido. Sirve espolvoreado con perejil.

Pimientos Rellenos De Abadejo

Para 4 personas

225 g / 8 oz de filetes de eglefino, picados (molidos)
100 g / 4 oz de gambas peladas, picadas (molidas)
1 cebolla tierna (cebolleta), picada
2,5 ml / ¬Ω cucharadita de sal
pimienta
4 pimientos verdes
45 ml / 3 cucharadas de aceite de maní (maní)
120 ml / 4 fl oz / ¬Ω taza de caldo de pollo
10 ml / 2 cucharaditas de harina de maíz (maicena)
5 ml / 1 cucharadita de salsa de soja

Mezclar el eglefino, las gambas, la cebolleta, la sal y la pimienta. Corta el tallo de los pimientos y saca el centro. Rellena los pimientos con la mezcla de mariscos. Calentar el aceite y añadir los pimientos y el caldo. Llevar a ebullición, tapar y cocinar a fuego lento durante 15 minutos. Transfiera los pimientos a un plato para servir tibio. Mezcle la harina de maíz, la salsa de soja y un poco de agua y revuelva en la sartén. Lleve a ebullición y cocine a fuego lento, revolviendo, hasta que la salsa se aclare y espese.

Abadejo en salsa de frijoles negros

Para 4 personas

15 ml / 1 cucharada de aceite de cacahuete
2 dientes de ajo machacados
1 rodaja de raíz de jengibre, picada
15 ml / 1 cucharada de salsa de frijoles negros
2 cebollas, cortadas en gajos
1 rama de apio, en rodajas
450 g / 1 libra de filetes de eglefino
15 ml / 1 cucharada de salsa de soja
15 ml / 1 cucharada de vino de arroz o jerez seco
250 ml / 8 fl oz / 1 taza de caldo de pollo

Calentar el aceite y sofreír el ajo, el jengibre y la salsa de frijoles negros hasta que estén ligeramente dorados. Agrega las cebollas y el apio y sofríe durante 2 minutos. Agrega el eglefino y sofríe durante unos 4 minutos por cada lado o hasta que el pescado esté cocido. Agregue la salsa de soja, el vino o el jerez y el caldo de pollo, lleve a ebullición, tape y cocine a fuego lento durante 3 minutos.

Pescado en Salsa Morena

Para 4 personas

4 eglefino o pescado similar

45 ml / 3 cucharadas de aceite de maní (maní)

2 cebolletas (cebolletas), picadas

2 rodajas de raíz de jengibre picadas

5 ml / 1 cucharadita de salsa de soja

2,5 ml / ¬Ω cucharadita de vinagre de vino

2,5 ml / ¬Ω cucharadita de vino de arroz o jerez seco

2,5 ml / ¬Ω cucharadita de azúcar

pimienta recién molida

2,5 ml / ¬Ω cucharadita de aceite de sésamo

Recorta el pescado y córtalo en trozos grandes. Calentar el aceite y freír las cebolletas y el jengibre durante 30 segundos. Agrega el pescado y sofríe hasta que esté ligeramente dorado por ambos lados. Agregue la salsa de soja, vinagre de vino, vino o jerez, azúcar y pimienta y cocine a fuego lento durante 5 minutos hasta que la salsa esté espesa. Sirve espolvoreado con aceite de sésamo.

Pescado de cinco especias

Para 4 personas

450 g / 1 libra de filetes de eglefino

5 ml / 1 cucharadita de polvo de cinco especias

5 ml / 1 cucharadita de sal

30 ml / 2 cucharadas de aceite de cacahuete

2 dientes de ajo machacados

2 rodajas de raíz de jengibre, picadas

30 ml / 2 cucharadas de vino de arroz o jerez seco

15 ml / 1 cucharada de salsa de soja

10 ml / 2 cucharaditas de aceite de sésamo

Frote los filetes de eglefino con el polvo de cinco especias y sal. Calentar el aceite y sofreír el pescado hasta que esté ligeramente dorado por ambos lados y luego retirarlo de la sartén. Agrega el ajo, el jengibre, el vino o jerez, la salsa de soja y el aceite de sésamo y sofríe durante 1 minuto. Regrese el pescado a la sartén y cocine a fuego lento hasta que el pescado esté tierno.

Abadejo con Ajo

Para 4 personas

450 g / 1 libra de filetes de eglefino
5 ml / 1 cucharadita de sal
30 ml / 2 cucharadas de harina de maíz (maicena)
60 ml / 4 cucharadas de aceite de cacahuete
6 dientes de ajo
2 rodajas de raíz de jengibre, trituradas
45 ml / 3 cucharadas de agua
30 ml / 2 cucharadas de salsa de soja
15 ml / 1 cucharada de salsa de frijoles amarillos
15 ml / 1 cucharada de vino de arroz o jerez seco
15 ml / 1 cucharada de azúcar morena

Espolvoree el eglefino con sal y espolvoree con harina de maíz. Calentar el aceite y sofreír el pescado hasta que se doren por ambos lados y luego retirarlo de la sartén. Agrega el ajo y el jengibre y sofríe durante 1 minuto. Agregue el resto de los ingredientes, lleve a ebullición, tape y cocine a fuego lento durante 5 minutos. Regrese el pescado a la sartén, tape y cocine a fuego lento hasta que esté tierno.

Pescado picante

Para 4 personas

450 g / 1 libra de filetes de eglefino, cortados en cubitos

jugo de 1 limón

30 ml / 2 cucharadas de salsa de soja

30 ml / 2 cucharadas de salsa de ostras

15 ml / 1 cucharada de cáscara de limón rallada

pizca de jengibre molido

sal y pimienta

2 claras de huevo

45 ml / 3 cucharadas de harina de maíz (maicena)

6 hongos chinos secos

aceite para freír

5 cebolletas (cebolletas), cortadas en tiras

1 rama de apio, cortado en tiras

100 g / 4 oz de brotes de bambú, cortados en tiras

250 ml / 8 fl oz / 1 taza de caldo de pollo

5 ml / 1 cucharadita de polvo de cinco especias

Poner el pescado en un bol y espolvorear con jugo de limón. Mezcle la salsa de soja, la salsa de ostras, la cáscara de limón, el jengibre, la sal, la pimienta, las claras de huevo y todo menos 5 ml / 1 cucharadita de harina de maíz. Licencia

marinar durante 2 horas, revolviendo de vez en cuando. Remojar los champiñones en agua tibia durante 30 minutos y luego escurrir. Deseche los tallos y corte las tapas. Calentar el aceite y sofreír el pescado durante unos minutos hasta que esté dorado. Retirar de la sartén. Agregue las verduras y fría hasta que estén tiernas pero aún crujientes. Vierta el aceite. Mezclar el caldo de pollo con la harina de maíz restante, agregarlo a las verduras y llevar a ebullición. Regrese el pescado a la sartén, sazone con polvo de cinco especias y caliente antes de servir.

Abadejo de jengibre con Pak Soi

Para 4 personas

450 g / 1 libra de filete de eglefino

sal y pimienta

225 g / 8 oz pak soi

30 ml / 2 cucharadas de aceite de cacahuete

1 rodaja de raíz de jengibre, picada

1 cebolla picada

2 chiles rojos secos

5 ml / 1 cucharadita de miel

10 ml / 2 cucharaditas de salsa de tomate (salsa de tomate)

10 ml / 2 cucharaditas de vinagre de malta

30 ml / 2 cucharadas de vino blanco seco

10 ml / 2 cucharaditas de salsa de soja

10 ml / 2 cucharaditas de salsa de pescado

10 ml / 2 cucharaditas de salsa de ostras

5 ml / 1 cucharadita de pasta de camarones

Pele el eglefino y luego córtelo en trozos de 2 cm / ¬æ. Espolvorear con sal y pimienta. Corta el repollo en trozos pequeños. Calentar el aceite y sofreír el jengibre y la cebolla durante 1 minuto. Agrega la col y las guindillas y sofríe durante 30 segundos. Agrega la miel, el tomate

salsa de tomate, vinagre y vino. Agregue el eglefino y cocine a fuego lento durante 2 minutos. Agregue las salsas de soja, pescado y ostras y la pasta de camarones y cocine a fuego lento hasta que el eglefino esté cocido.

Trenzas de eglefino

Para 4 personas

450 g / 1 lb filetes de eglefino, sin piel

sal

5 ml / 1 cucharadita de polvo de cinco especias

jugo de 2 limones

5 ml / 1 cucharadita de anís, molido

5 ml / 1 cucharadita de pimienta recién molida

30 ml / 2 cucharadas de salsa de soja

30 ml / 2 cucharadas de salsa de ostras

15 ml / 1 cucharada de miel

60 ml / 4 cucharadas de cebollino picado

8,10 hojas de espinaca

45 ml / 3 cucharadas de vinagre de vino

Cortar el pescado en tiras largas y delgadas y formar trenzas, espolvorear con sal, polvo de cinco especias y jugo de limón y transferir a un bol. Mezclar el anís, la pimienta, la salsa de soja, la salsa de ostras, la miel y el cebollino, verter sobre el pescado y dejar macerar durante al menos 30 minutos. Forre la canasta de vapor con las hojas de espinaca, coloque las trenzas en la parte superior, cubra y cocine al vapor sobre agua hirviendo suavemente con el vinagre durante unos 25 minutos.

Rollos de pescado al vapor

Para 4 personas

450 g / 1 lb filetes de eglefino, sin piel y cortados en cubitos
jugo de 1 limón
30 ml / 2 cucharadas de salsa de soja
30 ml / 2 cucharadas de salsa de ostras
30 ml / 2 cucharadas de salsa de ciruela
5 ml / 1 cucharadita de vino de arroz o jerez seco
sal y pimienta
6 hongos chinos secos
100 g / 4 oz de brotes de soja
100 g / 4 oz de guisantes verdes
50 g / 2 oz / ¬Ω taza de nueces, picadas
1 huevo batido
30 ml / 2 cucharadas de harina de maíz (maicena)
225 g / 8 oz de col china, blanqueada

Pon el pescado en un bol. Mezcle el jugo de limón, las salsas de soja, ostras y ciruelas, vino o jerez y sal y pimienta. Verter sobre el pescado y dejar macerar durante 30 minutos. Agregue las verduras, las nueces, el huevo y la maicena y mezcle bien. Coloque 3 hojas chinas una encima de la otra, vierta un poco de la mezcla de pescado

y enrollar. Continúe hasta que se hayan agotado todos los ingredientes. Coloque los panecillos en una canasta de vapor, cubra y cocine sobre agua hirviendo a fuego lento durante 30 minutos.

Halibut con Salsa de Tomate

Para 4 personas

450 g / 1 libra de filetes de fletán

sal

15 ml / 1 cucharada de salsa de frijoles negros

1 diente de ajo machacado

2 cebolletas (cebolletas), picadas

2 rodajas de raíz de jengibre, picadas

15 ml / 1 cucharada de vino de arroz o jerez seco

15 ml / 1 cucharada de salsa de soja

200 g / 7 oz de tomates enlatados, escurridos

30 ml / 2 cucharadas de aceite de cacahuete

Espolvorear generosamente el fletán con sal y dejar reposar durante 1 hora. Enjuague la sal y seque. Colocar el pescado en un recipiente refractario y espolvorear con la salsa de frijoles negros, el ajo, las cebolletas, el jengibre, el vino o jerez, la salsa de soja y los tomates. Coloque el recipiente sobre una rejilla en una vaporera, cubra y cocine al vapor durante 20 minutos sobre agua hirviendo hasta que el pescado esté cocido. Calentar el aceite hasta que esté casi humeante y espolvorear sobre el pescado antes de servir.

Rape con Brócoli

Para 4 personas

450 g / 1 lb de cola de rape, en cubos
sal y pimienta
45 ml / 3 cucharadas de aceite de maní (maní)
50 g / 2 oz de champiñones, en rodajas
1 zanahoria pequeña, cortada en tiras
1 diente de ajo machacado
2 rodajas de raíz de jengibre, picadas
45 ml / 3 cucharadas de agua
275 g / 10 oz de floretes de brócoli
5 ml / 1 cucharadita de azúcar
5 ml / 1 cucharadita de harina de maíz (maicena)
45 ml / 3 cucharadas de agua

Condimentar bien el rape con sal y pimienta. Calentar 30 ml / 2 cucharadas de aceite y sofreír el rape, los champiñones, la zanahoria, el ajo y el jengibre hasta que estén ligeramente dorados. Agregue el agua y continúe cocinando a fuego lento, sin tapar, a fuego lento. Mientras tanto, blanquee el brócoli en agua hirviendo hasta que esté tierno y luego escúrralo bien. Calentar el aceite restante y sofreír el brócoli y el azúcar con una pizca de sal hasta que el brócoli esté bien cubierto de aceite. Organizar alrededor de un calentado

plato para servir. Mezcle la harina de maíz y el agua hasta obtener una pasta, revuelva con el pescado y cocine a fuego lento, revolviendo, hasta que la salsa espese. Vierta sobre el brócoli y sirva de una vez.

Salmonete con salsa de soja espesa

Para 4 personas

1 salmonete

aceite para freír

30 ml / 2 cucharadas de aceite de cacahuete

2 cebolletas (cebolletas), en rodajas

2 rodajas de raíz de jengibre, ralladas

1 guindilla roja, rallada

250 ml / 8 fl oz / 1 taza de caldo de pescado

15 ml / 1 cucharada de salsa de soja espesa

15 ml / 1 cucharada de blanco recién molido

pimienta

15 ml / 1 cucharada de vino de arroz o jerez seco

Recorta el pescado y márcalo en diagonal a cada lado. Calentar el aceite y sofreír el pescado hasta que esté medio cocido. Retirar del aceite y escurrir bien. Calentar el aceite y sofreír las cebolletas, el jengibre y la guindilla durante 1 minuto. Agregue los ingredientes restantes, mezcle bien y deje hervir. Agregue el pescado y cocine a fuego lento, sin tapar, hasta que el pescado esté cocido y el líquido casi se haya evaporado.

West Lake Fish

Para 4 personas

1 salmonete

30 ml / 2 cucharadas de aceite de cacahuete

4 cebolletas (cebolletas), ralladas

1 guindilla roja picada

4 rodajas de raíz de jengibre, ralladas

45 ml / 3 cucharadas de azúcar morena

30 ml / 2 cucharadas de vinagre de vino tinto

30 ml / 2 cucharadas de agua

30 ml / 2 cucharadas de salsa de soja

pimienta recién molida

Limpiar y recortar el pescado y hacer 2 o 3 cortes diagonales por cada lado. Calentar el aceite y sofreír la mitad de las cebolletas, la guindilla y el jengibre durante 30 segundos. Agrega el pescado y sofríe hasta que esté ligeramente dorado por ambos lados. Agregue el azúcar, el vinagre de vino, el agua, la salsa de soja y la pimienta, lleve a ebullición, tape y cocine a fuego lento durante unos 20 minutos hasta que el pescado esté cocido y la salsa se haya reducido. Sirva adornado con las cebolletas restantes.

Solla Frita

Para 4 personas

4 filetes de solla
sal y pimienta recién molida
30 ml / 2 cucharadas de aceite de cacahuete
1 rodaja de raíz de jengibre, picada
1 diente de ajo machacado
Hojas de lechuga

Sazone la solla generosamente con sal y pimienta. Calentar el aceite y sofreír el jengibre y el ajo durante 20 segundos. Agrega el pescado y sofríe hasta que esté bien cocido y dorado. Escurrir bien y servir sobre una cama de lechugas.

Solla al vapor con champiñones chinos

Para 4 personas

4 hongos chinos secos
450 g / 1 libra de filetes de solla, en cubos
1 diente de ajo machacado
1 rodaja de raíz de jengibre, picada
15 ml / 1 cucharada de salsa de soja
15 ml / 1 cucharada de vino de arroz o jerez seco
5 ml / 1 cucharadita de azúcar morena
350 g / 12 oz de arroz de grano largo cocido

Remojar los champiñones en agua tibia durante 30 minutos y luego escurrir. Desechar los tallos y picar las tapas. Mezclar con la solla, el ajo, el jengibre, la salsa de soja, el vino o jerez y el azúcar, tapar y dejar macerar durante 1 hora. Coloca el arroz en una vaporera y coloca el pescado encima. Cocine al vapor durante unos 30 minutos hasta que el pescado esté cocido.

Solla con Ajo

Para 4 personas

350 g / 12 oz de filetes de solla

sal

45 ml / 3 cucharadas de harina de maíz (maicena)

1 huevo batido

60 ml / 4 cucharadas de aceite de cacahuete

3 dientes de ajo picados

4 cebolletas (cebolletas), picadas

15 ml / 1 cucharada de vino de arroz o jerez seco

5 ml / 1 cucharadita de aceite de sésamo

Desollar la solla y cortarla en tiras. Espolvorear con sal y dejar reposar 20 minutos. Espolvoree el pescado con harina de maíz y luego sumérjalo en el huevo. Calentar el aceite y freír las tiras de pescado durante unos 4 minutos hasta que se doren. Retirar de la sartén y escurrir sobre papel de cocina. Vierta todo menos 5 ml / 1 cucharadita de aceite de la sartén y agregue los ingredientes restantes. Lleve a ebullición, revolviendo, luego cocine a fuego lento durante 3 minutos. Vierta sobre el pescado y sirva inmediatamente.

Solla con Salsa de Piña

Para 4 personas

450 g / 1 libra de filetes de solla
5 ml / 1 cucharadita de sal
30 ml / 2 cucharadas de salsa de soja
200 g / 7 oz de trozos de piña enlatados
2 huevos batidos
100 g / 4 oz / ¬Ω taza de harina de maíz (maicena)
aceite para freír
30 ml / 2 cucharadas de agua
5 ml / 1 cucharadita de aceite de sésamo

Cortar la solla en tiras y colocar en un bol. Espolvorear con sal, salsa de soja y 30 ml / 2 cucharadas de jugo de piña y dejar reposar 10 minutos. Batir los huevos con 45 ml / 3 cucharadas de harina de maíz hasta formar una masa y mojar el pescado en la masa. Calentar el aceite y sofreír el pescado hasta que se dore. Escurrir sobre la pimienta de cocina. Ponga el jugo de piña restante en una cacerola pequeña. Mezcle 30 ml / 2 cucharadas de harina de maíz con el agua y revuelva en la sartén. Lleve a ebullición y cocine a fuego lento, revolviendo, hasta que espese. Agregue la mitad de los trozos de piña y caliente. Justo antes de servir, agregue el aceite de sésamo. Coloca el pescado cocido en una porción tibia.

plato y decora con la piña reservada. Vierta sobre la salsa picante y sirva de una vez.

Salmón con Tofu

Para 4 personas

120 ml / 4 fl oz / ½ taza de aceite de maní (maní)
450 g / 1 libra de tofu, en cubos
2,5 ml / ½ cucharadita de aceite de sésamo
100 g / 4 oz de filete de salmón, picado
pizca de salsa de chile
250 ml / 8 fl oz / 1 taza de caldo de pescado
15 ml / 1 cucharada de harina de maíz (maicena)
45 ml / 3 cucharadas de agua
2 cebolletas (cebolletas), picadas

Calentar el aceite y sofreír el tofu hasta que esté ligeramente dorado. Retirar de la sartén. Recalentar el aceite y el aceite de sésamo y sofreír el salmón y la salsa de guindilla durante 1 minuto. Agrega el caldo, lleva a ebullición y luego regresa el tofu a la sartén. Cocine a fuego lento, sin tapar, hasta que los ingredientes estén bien cocidos y el líquido se haya reducido. Licúa la harina de maíz y el agua hasta formar una pasta. Agregue poco a poco y cocine a fuego lento, revolviendo, hasta que la mezcla espese. Es posible que no necesite toda la pasta de harina de maíz si ha permitido que el líquido se reduzca.

Transfiera a un plato para servir caliente y espolvoree con las cebolletas.

Pescado Marinado Frito

Para 4 personas

450 g / 1 lb de espadines u otros peces pequeños, limpios
3 rodajas de raíz de jengibre, picada
120 ml / 4 fl oz / ¬Ω taza de salsa de soja
15 ml / 1 cucharada de vino de arroz o jerez seco
1 clavo de anís estrellado
aceite para freír
15 ml / 1 cucharada de aceite de sésamo

Coloca el pescado en un bol. Mezclar el jengibre, la salsa de soja, el vino o jerez y el anís, verter sobre el pescado y dejar reposar 1 hora, volteando de vez en cuando. Escurre el pescado, desechando la marinada. Calentar el aceite y freír el pescado por tandas hasta que esté crujiente y dorado. Escurrir sobre papel de cocina y servir espolvoreado con aceite de sésamo.

Trucha con Zanahorias

Para 4 personas

15 ml / 1 cucharada de aceite de cacahuete
1 diente de ajo machacado
1 rodaja de raíz de jengibre, picada
4 truchas
2 zanahorias, cortadas en tiras
25 g / 1 oz de brotes de bambú, cortados en tiras
25 g / 1 oz de castañas de agua, cortadas en tiras
15 ml / 1 cucharada de salsa de soja
15 ml / 1 cucharada de vino de arroz o jerez seco

Calentar el aceite y sofreír el ajo y el jengibre hasta que estén ligeramente dorados. Agrega el pescado, tapa y fríe hasta que el pescado se vuelva opaco. Agregue las zanahorias, los brotes de bambú, las castañas, la salsa de soja y el vino o jerez, revuelva con cuidado, tape y cocine a fuego lento durante unos 5 minutos.

Trucha Frita

Para 4 personas

4 truchas, limpias y descamadas

2 huevos batidos

50 g / 2 oz / ¬Ω taza de harina común (para todo uso)

aceite para freír

1 limón cortado en gajos

Corta el pescado en diagonal varias veces de cada lado. Sumerja los huevos batidos y luego agregue la harina para cubrir completamente. Sacude cualquier exceso. Calentar el aceite y sofreír el pescado durante unos 10 a 15 minutos hasta que esté cocido. Escurrir sobre papel de cocina y servir con limón.

Trucha con Salsa de Limón

Para 4 personas

450 ml / ¬œ pt / 2 tazas de caldo de pollo

5 cm de cáscara de limón en trozos cuadrados

150 ml / ¬° pt / ¬Ω taza generosa de jugo de limón

90 ml / 6 cucharadas de azúcar morena

2 rodajas de raíz de jengibre, cortadas en tiras

30 ml / 2 cucharadas de harina de maíz (maicena)

4 truchas

375 g / 12 oz / 3 tazas de harina común (para todo uso)

175 ml / 6 fl oz / ¬œ taza de agua

aceite para freír

2 claras de huevo

8 cebolletas (cebolletas), en rodajas finas

Para hacer la salsa, mezcle el caldo, la ralladura de limón y el jugo, el azúcar y durante 5 minutos. Retirar del fuego, colar y volver a la sartén. Mezcle la harina de maíz con un poco de agua y luego revuélvala en la sartén. Cocine a fuego lento durante 5 minutos, revolviendo con frecuencia. Retirar del fuego y mantener tibia la salsa.

Cubrir ligeramente el pescado por ambos lados con un poco de harina. Batir la harina restante con el agua y 10 ml / 2 cucharaditas de aceite hasta que quede suave. Batir las claras de huevo hasta que estén firmes pero no secas e incorporarlas a la masa. Calentar el aceite restante. Sumerja el pescado en la masa para cubrirlo por completo. Cocine el pescado durante unos 10 minutos, volteándolo una vez, hasta que esté bien cocido y dorado. Escurrir sobre papel de cocina. Coloca el pescado en un plato para servir calentado. Revuelva las cebolletas en la salsa tibia, vierta sobre el pescado y sirva inmediatamente.

Atún chino

Para 4 personas

30 ml / 2 cucharadas de aceite de cacahuete

1 cebolla picada

200 g / 7 oz de atún enlatado, escurrido y desmenuzado

2 tallos de apio picados

100 g de champiñones picados

1 pimiento verde picado

250 ml / 8 fl oz / 1 taza de caldo

30 ml / 2 cucharadas de salsa de soja

100 g / 4 oz de fideos de huevo finos

sal

15 ml / 1 cucharada de harina de maíz (maicena)

45 ml / 3 cucharadas de agua

Calentar el aceite y sofreír la cebolla hasta que se ablande. Agrega el atún y revuelve hasta que esté bien cubierto de aceite. Agrega el apio, los champiñones y la pimienta y sofríe durante 2 minutos. Agrega el caldo y la salsa de soja, lleva a ebullición, tapa y cocina a fuego lento durante 15 minutos. Mientras tanto, cocine los fideos en agua hirviendo con sal durante unos 5 minutos hasta que estén tiernos, luego escurra bien y coloque en una porción tibia.

lámina. Mezcle la harina de maíz y el agua, agregue la mezcla a la salsa de atún y cocine a fuego lento, revolviendo, hasta que la salsa se aclare y espese.

Filetes de pescado adobados

Para 4 personas

4 filetes de merlán o eglefino
2 dientes de ajo machacados
2 rodajas de raíz de jengibre, trituradas
3 cebolletas (cebolletas), picadas
15 ml / 1 cucharada de vino de arroz o jerez seco
15 ml / 1 cucharada de vinagre de vino
sal y pimienta recién molida
45 ml / 3 cucharadas de aceite de maní (maní)

Coloca el pescado en un bol. Mezclar el ajo, el jengibre, las cebolletas, el vino o jerez, el vinagre de vino, la sal y la pimienta, verter sobre el pescado, tapar y dejar macerar durante varias horas. Retire el pescado de la marinada. Calentar el aceite y sofreír el pescado hasta que se dore por ambos lados y luego retirar de la sartén. Agregue la marinada a la sartén, deje que hierva, luego regrese el pescado a la sartén y cocine a fuego lento hasta que esté bien cocido.

Langostinos con Almendras

Para 4 personas

100 g / 4 oz de almendras

225 g / 8 oz de gambas grandes sin pelar

2 rodajas de raíz de jengibre, picadas

15 ml / 1 cucharada de harina de maíz (maicena)

2,5 ml / ¬Ω cucharadita de sal

30 ml / 2 cucharadas de aceite de cacahuete

2 dientes de ajo

2 tallos de apio picados

5 ml / 1 cucharadita de salsa de soja

5 ml / 1 cucharadita de vino de arroz o jerez seco

30 ml / 2 cucharadas de agua

Tostar las almendras en una sartén seca hasta que estén ligeramente doradas y luego reservar. Pelar las gambas, dejar las colas y cortarlas por la mitad a lo largo hasta la cola. Mezclar con el jengibre, la maicena y la sal. Calentar el aceite y sofreír el ajo hasta que esté ligeramente dorado y luego desechar el ajo. Agregue el apio, la salsa de soja, el vino o el jerez y el agua a la sartén y deje hervir. Agrega las gambas y sofríe hasta que estén bien calientes. Sirve espolvoreado con almendras tostadas.

Langostinos al anís

Para 4 personas

45 ml / 3 cucharadas de aceite de maní (maní)
15 ml / 1 cucharada de salsa de soja
5 ml / 1 cucharadita de azúcar
120 ml / 4 fl oz / ¬Ω taza de caldo de pescado
pizca de anís molido
450 g / 1 libra de gambas peladas

Calentar el aceite, añadir la salsa de soja, el azúcar, el caldo y el anís y llevar a ebullición. Agregue las gambas y cocine a fuego lento durante unos minutos hasta que estén bien calientes y aromatizadas.

Langostinos con Espárragos

Para 4 personas

450 g / 1 lb de espárragos, cortados en trozos
45 ml / 3 cucharadas de aceite de maní (maní)
2 rodajas de raíz de jengibre, picadas
15 ml / 1 cucharada de salsa de soja
15 ml / 1 cucharada de vino de arroz o jerez seco
5 ml / 1 cucharadita de azúcar
2,5 ml / ¬Ω cucharadita de sal
225 g / 8 oz de gambas peladas

Escaldar los espárragos en agua hirviendo durante 2 minutos y escurrir bien. Calentar el aceite y freír el jengibre durante unos segundos. Agregue los espárragos y revuelva hasta que estén bien cubiertos de aceite. Agregue la salsa de soja, el vino o el jerez, el azúcar y la sal y caliente. Agrega las gambas y revuelve a fuego lento hasta que los espárragos estén tiernos.

Langostinos con Tocino

Para 4 personas

450 g / 1 libra de gambas grandes sin pelar

100 g de tocino

1 huevo, ligeramente batido

2,5 ml / ¬Ω cucharadita de sal

15 ml / 1 cucharada de salsa de soja

50 g / 2 oz / ¬Ω taza de harina de maíz (maicena)

aceite para freír

Pelar las gambas, dejando intactas las colas. Cortar por la mitad a lo largo de la cola. Corta el tocino en cuadritos. Presione un trozo de tocino en el centro de cada langostino y presione las dos mitades juntas. Batir el huevo con la sal y la salsa de soja. Sumergir las gambas en el huevo y espolvorearlas con harina de maíz. Calentar el aceite y sofreír las gambas hasta que estén crujientes y doradas.

Bolas de gambas

Para 4 personas

3 hongos chinos secos
450 g / 1 lb de langostinos, finamente picados
6 castañas de agua, finamente picadas
1 cebolla tierna (cebollín) finamente picada
1 rodaja de raíz de jengibre finamente picada
sal y pimienta recién molida
2 huevos batidos
15 ml / 1 cucharada de harina de maíz (maicena)
50 g / 2 oz / ¬Ω taza de harina común (para todo uso)
aceite de cacahuete para freír

Remojar los champiñones en agua tibia durante 30 minutos y luego escurrir. Desechar los tallos y picar finamente las tapas. Mezclar con las gambas, las castañas de agua, la cebolleta y el jengibre y sazonar con sal y pimienta. Mezcle 1 huevo y 5 ml / 1 cucharadita de harina de maíz en bolitas del tamaño de una cucharadita colmada.

Batir el huevo restante, la maicena y la harina y agregar suficiente agua para hacer una masa espesa y suave. Ruede las bolas en el

masa. Calentar el aceite y freír durante unos minutos hasta que estén ligeramente dorados.

Langostinos a la brasa

Para 4 personas

450 g / 1 libra de gambas grandes peladas
100 g de tocino
225 g / 8 oz de hígados de pollo, en rodajas
1 diente de ajo machacado
2 rodajas de raíz de jengibre, picadas
30 ml / 2 cucharadas de azúcar
120 ml / 4 fl oz / ¬Ω taza de salsa de soja
sal y pimienta recién molida

Cortar las gambas a lo largo por la espalda sin cortarlas y aplanarlas un poco. Cortar el tocino en trozos y colocar en un bol con las gambas y los hígados de pollo. Mezclar el resto de los ingredientes, verter sobre las gambas y dejar reposar 30 minutos. Pase las gambas, el tocino y los hígados en las brochetas y cocine a la parrilla o asado durante unos 5 minutos, dándoles vuelta con frecuencia, hasta que estén bien cocidos, rociando ocasionalmente con la marinada.

Langostinos con brotes de bambú

Para 4 personas

60 ml / 4 cucharadas de aceite de cacahuete
1 diente de ajo picado
1 rodaja de raíz de jengibre, picada
450 g / 1 libra de gambas peladas
30 ml / 2 cucharadas de vino de arroz o jerez seco
225 g / 8 oz de brotes de bambú
30 ml / 2 cucharadas de salsa de soja
15 ml / 1 cucharada de harina de maíz (maicena)
45 ml / 3 cucharadas de agua

Calentar el aceite y sofreír el ajo y el jengibre hasta que estén ligeramente dorados. Agrega las gambas y sofríe durante 1 minuto. Agregue el vino o jerez y revuelva bien. Agrega los brotes de bambú y sofríe durante 5 minutos. Agrega el resto de los ingredientes y sofríe durante 2 minutos.

Langostinos con Brotes de Judía

Para 4 personas

4 hongos chinos secos

30 ml / 2 cucharadas de aceite de cacahuete

1 diente de ajo machacado

225 g / 8 oz de gambas peladas

15 ml / 1 cucharada de vino de arroz o jerez seco

450 g / 1 lb de brotes de soja

120 ml / 4 fl oz / ¬Ω taza de caldo de pollo

15 ml / 1 cucharada de salsa de soja

15 ml / 1 cucharada de harina de maíz (maicena)

sal y pimienta recién molida

2 cebolletas (cebolletas), picadas

Remojar los champiñones en agua tibia durante 30 minutos y luego escurrir. Deseche los tallos y corte las tapas. Calentar el aceite y sofreír los ajos hasta que estén ligeramente dorados. Agrega las gambas y sofríe durante 1 minuto. Agrega el vino o jerez y sofríe durante 1 minuto. Agregue los champiñones y los brotes de soja. Mezcle el caldo, la salsa de soja y la harina de maíz y revuélvalo en la sartén. Lleve a ebullición y luego cocine a fuego lento, revolviendo, hasta que la salsa se aclare y espese.

Sazone al gusto con sal y pimienta. Sirva espolvoreado con cebolletas.

Langostinos con Salsa de Frijoles Negros

Para 4 personas

30 ml / 2 cucharadas de aceite de cacahuete

5 ml / 1 cucharadita de sal

1 diente de ajo machacado

45 ml / 3 cucharadas de salsa de frijoles negros

1 pimiento verde picado

1 cebolla picada

120 ml / 4 fl oz / ¬Ω taza de caldo de pescado

5 ml / 1 cucharadita de azúcar

15 ml / 1 cucharada de salsa de soja

225 g / 8 oz de gambas peladas

15 ml / 1 cucharada de harina de maíz (maicena)

45 ml / 3 cucharadas de agua

Calentar el aceite y sofreír la sal, el ajo y la salsa de frijoles negros durante 2 minutos. Agrega el pimiento y la cebolla y sofríe durante 2 minutos. Agrega el caldo, el azúcar y la salsa de soja y lleva a ebullición. Agrega las gambas y cocina a fuego lento durante 2 minutos. Mezcle la harina de maíz y el agua hasta obtener una pasta, agréguela a la sartén y cocine a fuego lento, revolviendo, hasta que la salsa se aclare y espese.

Langostinos con Apio

Para 4 personas

45 ml / 3 cucharadas de aceite de maní (maní)
3 rodajas de raíz de jengibre, picada
450 g / 1 libra de gambas peladas
5 ml / 1 cucharadita de sal
15 ml / 1 cucharada de jerez
4 tallos de apio picados
100 g / 4 oz de almendras picadas

Calentar la mitad del aceite y freír el jengibre hasta que esté ligeramente dorado. Agrega las gambas, la sal y el jerez y sofríe hasta que estén bien cubiertos de aceite y luego retira de la sartén. Calentar el aceite restante y sofreír el apio y las almendras durante unos minutos hasta que el apio esté tierno pero aún crujiente. Regrese las gambas a la sartén, mezcle bien y caliente antes de servir.

Langostinos Salteados con Pollo

Para 4 personas

30 ml / 2 cucharadas de aceite de cacahuete

2 dientes de ajo machacados

225 g / 8 oz de pollo cocido, en rodajas finas

100 g / 4 oz de brotes de bambú, en rodajas

100 g / 4 oz de champiñones, en rodajas

75 ml / 5 cucharadas de caldo de pescado

225 g / 8 oz de gambas peladas

225 g / 8 oz de tirabeques (guisantes)

15 ml / 1 cucharada de harina de maíz (maicena)

45 ml / 3 cucharadas de agua

Calentar el aceite y sofreír los ajos hasta que estén ligeramente dorados. Agregue el pollo, los brotes de bambú y los champiñones y saltee hasta que estén bien cubiertos de aceite. Añadir el caldo y hervirlo. Añada las gambas y el tirabeque, tape y cocine a fuego lento durante 5 minutos. Mezcle la harina de maíz y el agua hasta obtener una pasta, revuelva en la sartén y cocine a fuego lento, revolviendo, hasta que la salsa se aclare y espese. Sirva de una vez.

Langostinos al Ají

Para 4 personas

450 g / 1 libra de gambas peladas

1 clara de huevo

10 ml / 2 cucharaditas de harina de maíz (maicena)

5 ml / 1 cucharadita de sal

60 ml / 4 cucharadas de aceite de cacahuete

25 g / 1 oz de chiles rojos secos, recortados

1 diente de ajo machacado

5 ml / 1 cucharadita de pimienta recién molida

15 ml / 1 cucharada de salsa de soja

5 ml / 1 cucharadita de vino de arroz o jerez seco

2,5 ml / ½ cucharadita de azúcar

2,5 ml / ½ cucharadita de vinagre de vino

2,5 ml / ½ cucharadita de aceite de sésamo

Colocar las gambas en un bol con la clara de huevo, la maicena y la sal y dejar macerar durante 30 minutos. Calentar el aceite y sofreír los chiles, el ajo y la pimienta durante 1 minuto. Agregue las gambas y los ingredientes restantes y saltee durante unos minutos hasta que las gambas estén bien calientes y los ingredientes bien mezclados.

Chop Suey de gambas

Para 4 personas

60 ml / 4 cucharadas de aceite de cacahuete
2 cebolletas (cebolletas), picadas
2 dientes de ajo machacados
1 rodaja de raíz de jengibre, picada
225 g / 8 oz de gambas peladas
100 g / 4 oz de guisantes congelados
100 g / 4 oz de champiñones, cortados por la mitad
30 ml / 2 cucharadas de salsa de soja
15 ml / 1 cucharada de vino de arroz o jerez seco
5 ml / 1 cucharadita de azúcar
5 ml / 1 cucharadita de sal
15 ml / 1 cucharada de harina de maíz (maicena)

Calentar 45 ml / 3 cucharadas de aceite y sofreír las cebolletas, el ajo y el jengibre hasta que estén ligeramente dorados. Agrega las gambas y sofríe durante 1 minuto. Retirar de la sartén. Calentar el aceite restante y sofreír los guisantes y los champiñones durante 3 minutos. Agrega las gambas, la salsa de soja, el vino o jerez, el azúcar y la sal y sofríe durante 2 minutos. Mezcle la harina de maíz con un poco de agua, revuélvala en la sartén y cocine a fuego lento, revolviendo, hasta que la salsa se aclare y espese.

Chow Mein de gambas

Para 4 personas

450 g / 1 libra de gambas peladas
15 ml / 1 cucharada de harina de maíz (maicena)
15 ml / 1 cucharada de salsa de soja
15 ml / 1 cucharada de vino de arroz o jerez seco
4 hongos chinos secos
30 ml / 2 cucharadas de aceite de cacahuete
5 ml / 1 cucharadita de sal
1 rodaja de raíz de jengibre, picada
100 g / 4 oz de repollo chino, en rodajas
100 g / 4 oz de brotes de bambú, en rodajas
Tallarines Suaves Fritos

Mezclar las gambas con la maicena, la salsa de soja y el vino o jerez y dejar reposar, revolviendo de vez en cuando. Remojar los champiñones en agua tibia durante 30 minutos y luego escurrir. Deseche los tallos y corte las tapas. Calentar el aceite y freír la sal y el jengibre durante 1 minuto. Agregue el repollo y los brotes de bambú y revuelva hasta que estén cubiertos de aceite. Tape y cocine a fuego lento durante 2 minutos. Agrega las gambas y la marinada y sofríe durante 3 minutos. Agregue los fideos escurridos y caliente antes de servir.

Langostinos con Calabacines y Lichis

Para 4 personas

12 langostinos

sal y pimienta

10 ml / 2 cucharaditas de salsa de soja

10 ml / 2 cucharaditas de harina de maíz (maicena)

15 ml / 1 cucharada de aceite de cacahuete

4 dientes de ajo machacados

2 chiles rojos picados

225 g / 8 oz de calabacines (calabacín), cortados en cubitos

2 cebolletas (cebolletas), picadas

12 lichis, apedreados

120 ml / 4 fl oz / ¬Ω taza de crema de coco

10 ml / 2 cucharaditas de curry suave en polvo

5 ml / 1 cucharadita de salsa de pescado

Pelar las gambas dejándolas en las colas. Espolvoree con sal, pimienta y salsa de soja y luego cubra con harina de maíz. Calentar el aceite y sofreír los ajos, las guindillas y las gambas durante 1 minuto. Agrega los calabacines, las cebolletas y los lichis y sofríe durante 1 minuto. Retirar de la sartén. Vierta la crema de coco en la sartén, lleve a ebullición y cocine a fuego lento durante 2 minutos hasta que espese. Revuelva en el curry

en polvo y salsa de pescado y sazone con sal y pimienta. Regrese las gambas y las verduras a la salsa para que se calienten antes de servir.

Langostinos con Cangrejo

Para 4 personas

45 ml / 3 cucharadas de aceite de maní (maní)
3 cebolletas (cebolletas), picadas
1 raíz de jengibre en rodajas, picada
225 g / 8 oz de carne de cangrejo
15 ml / 1 cucharada de vino de arroz o jerez seco
30 ml / 2 cucharadas de caldo de pollo o pescado
15 ml / 1 cucharada de salsa de soja
5 ml / 1 cucharadita de azúcar morena
5 ml / 1 cucharadita de vinagre de vino
pimienta recién molida
10 ml / 2 cucharaditas de harina de maíz (maicena)
225 g / 8 oz de gambas peladas

Calentar 30 ml / 2 cucharadas de aceite y sofreír las cebolletas y el jengibre hasta que estén ligeramente dorados. Agrega la carne de cangrejo y sofríe durante 2 minutos. Agrega el vino o jerez, el caldo, la salsa de soja, el azúcar y el vinagre y sazona al gusto con pimienta. Sofreír durante 3 minutos. Mezclar la maicena con un poco de agua y mezclar con la salsa. Cocine a fuego lento, revolviendo, hasta que la salsa espese. Mientras tanto, calentar el aceite restante en una sartén aparte y sofreír las gambas durante unos minutos.

minutos hasta que se caliente por completo. Coloque la mezcla de cangrejo en un plato para servir caliente y cubra con las gambas.

Langostinos con Pepino

Para 4 personas

225 g / 8 oz de gambas peladas
sal y pimienta recién molida
15 ml / 1 cucharada de harina de maíz (maicena)
1 pepino
45 ml / 3 cucharadas de aceite de maní (maní)
2 dientes de ajo machacados
1 cebolla finamente picada
15 ml / 1 cucharada de vino de arroz o jerez seco
2 rodajas de raíz de jengibre, picadas

Sazone las gambas con sal y pimienta y mezcle con la maicena. Pelar y sembrar el pepino y cortarlo en rodajas gruesas. Calentar la mitad del aceite y sofreír el ajo y la cebolla hasta que estén ligeramente dorados. Agrega las gambas y el jerez y sofríe durante 2 minutos y luego retira los ingredientes de la sartén. Calentar el aceite restante y freír el jengibre durante 1 minuto. Agrega el pepino y sofríe durante 2 minutos. Regrese la mezcla de gambas a la sartén y saltee hasta que esté bien mezclado y caliente.

Langostinos al curry

Para 4 personas

45 ml / 3 cucharadas de aceite de maní (maní)
4 cebolletas (cebolletas), en rodajas
30 ml / 2 cucharadas de curry en polvo
2,5 ml / ¬Ω cucharadita de sal
120 ml / 4 fl oz / ¬Ω taza de caldo de pollo
450 g / 1 libra de gambas peladas

Calentar el aceite y freír las cebolletas durante 30 segundos. Agrega el curry en polvo y la sal y sofríe durante 1 minuto. Agregue el caldo, lleve a ebullición y cocine a fuego lento, revolviendo, durante 2 minutos. Agrega las gambas y calienta suavemente.

Curry de gambas y champiñones

Para 4 personas

5 ml / 1 cucharadita de salsa de soja

5 ml / 1 cucharadita de vino de arroz o jerez seco

225 g / 8 oz de gambas peladas

30 ml / 2 cucharadas de aceite de cacahuete

2 dientes de ajo machacados

1 rodaja de raíz de jengibre, finamente picada

1 cebolla, cortada en gajos

100 g / 4 oz de champiñones

100 g / 4 oz de guisantes frescos o congelados

15 ml / 1 cucharada de curry en polvo

15 ml / 1 cucharada de harina de maíz (maicena)

150 ml / ¬° pt / generosa ¬Ω taza de caldo de pollo

Mezclar la salsa de soja, el vino o el jerez y las gambas. Calentar el aceite con el ajo y el jengibre y freír hasta que se dore un poco. Agrega la cebolla, los champiñones y los guisantes y sofríe durante 2 minutos. Agrega el curry en polvo y la harina de maíz y sofríe durante 2 minutos. Agregue gradualmente el caldo, lleve a ebullición, cubra y cocine a fuego lento durante 5 minutos, revolviendo ocasionalmente. Agrega las gambas y la marinada, tapa y cocina a fuego lento durante 2 minutos.

Langostinos Fritos

Para 4 personas

450 g / 1 libra de gambas peladas
30 ml / 2 cucharadas de vino de arroz o jerez seco
5 ml / 1 cucharadita de sal
aceite para freír
salsa de soja

Mezclar las gambas en el vino o jerez y espolvorear con sal. Deje reposar durante 15 minutos, luego escurra y seque. Calentar el aceite y sofreír las gambas durante unos segundos hasta que estén crujientes. Sirve espolvoreado con salsa de soja.

Langostinos rebozados fritos

Para 4 personas

50 g / 2 oz / ½ taza de harina común (para todo uso)
2,5 ml / ½ cucharadita de sal
1 huevo, ligeramente batido
30 ml / 2 cucharadas de agua
450 g / 1 libra de gambas peladas
aceite para freír

Batir la harina, la sal, el huevo y el agua hasta formar una masa, agregando un poco más de agua si es necesario. Mezclar con las gambas hasta que estén bien rebozadas. Calentar el aceite y sofreír las gambas durante unos minutos hasta que estén crujientes y doradas.

Empanadillas de Langostinos con Salsa de Tomate

Para 4 personas

900 g / 2 lb de gambas peladas
450 g / 1 lb de bacalao picado (molido)
4 huevos batidos
50 g / 2 oz / ¬Ω taza de harina de maíz (maicena)
2 dientes de ajo machacados
30 ml / 2 cucharadas de salsa de soja
15 ml / 1 cucharada de azúcar
15 ml / 1 cucharada de aceite de cacahuete

Para la salsa:

30 ml / 2 cucharadas de aceite de cacahuete
100 g / 4 oz de cebolletas (cebolletas), picadas
100 g de champiñones picados
100 g / 4 oz de jamón picado
2 tallos de apio picados
200 g / 7 oz de tomates, sin piel y picados
300 ml / ¬Ω pt / 1¬° tazas de agua
sal y pimienta recién molida
15 ml / 1 cucharada de harina de maíz (maicena)

Picar finamente las gambas y mezclar con el bacalao. Agregue los huevos, la harina de maíz, el ajo, la salsa de soja, el azúcar y el aceite. Ponga a hervir una cacerola grande con agua y vierta cucharadas de la mezcla en la cacerola. Vuelva a hervir y cocine a fuego lento durante unos minutos hasta que las albóndigas floten hacia la superficie. Escurrir bien. Para hacer la salsa, calentar el aceite y freír las cebolletas hasta que estén blandas pero no doradas. Agrega los champiñones y fríe por 1 minuto luego agrega el jamón, el apio y los tomates y fríe por 1 minuto. Agrega el agua, lleva a ebullición y sazona con sal y pimienta. Tape y cocine a fuego lento durante 10 minutos, revolviendo ocasionalmente. Mezclar la maicena con un poco de agua y mezclar con la salsa. Cocine a fuego lento durante unos minutos, revolviendo, hasta que la salsa se aclare y espese. Sirve con las albóndigas.

Hueveras y Gambas

Para 4 personas

15 ml / 1 cucharada de aceite de sésamo
8 langostinos pelados
1 guindilla roja picada
2 cebolletas (cebolletas), picadas
30 ml / 2 cucharadas de abulón picado (opcional)
8 huevos
15 ml / 1 cucharada de salsa de soja
sal y pimienta recién molida
unas ramitas de perejil de hoja plana

Use el aceite de sésamo para engrasar 8 platos de cazuela. Coloque una gamba en cada plato con un poco de guindilla, cebolletas y abulón, si lo usa. Rompe un huevo en cada tazón y sazona con salsa de soja, sal y pimienta. Coloque los moldes en una bandeja para hornear y hornee en un horno precalentado a 200 C / 400 F / marca de gas 6 durante aproximadamente 15 minutos hasta que los huevos estén listos y ligeramente crujientes por fuera. Colócalos con cuidado en un plato para servir caliente y decora con perejil.

Rollitos de huevo de gambas

Para 4 personas

225 g / 8 oz de brotes de soja

30 ml / 2 cucharadas de aceite de cacahuete

4 tallos de apio picados

100 g de champiñones picados

225 g / 8 oz de gambas peladas, picadas

15 ml / 1 cucharada de vino de arroz o jerez seco

2,5 ml / ¬Ω cucharadita de maicena (maicena)

2,5 ml / ¬Ω cucharadita de sal

2,5 ml / ¬Ω cucharadita de azúcar

12 pieles de rollitos de huevo

1 huevo batido

aceite para freír

Escaldar los brotes de soja en agua hirviendo durante 2 minutos y luego escurrir. Calentar el aceite y sofreír el apio durante 1 minuto. Agrega los champiñones y sofríe durante 1 minuto. Agrega las gambas, el vino o jerez, la maicena, la sal y el azúcar y sofríe durante 2 minutos. Dejar enfriar.

Coloca un poco del relleno en el centro de cada piel y pinta los bordes con huevo batido. Doble los bordes y luego enrolle el rollo de huevo lejos de usted, sellando los bordes con huevo. Calentar el aceite y sofreír hasta que se doren.

Langostinos al Lejano Oriente

Para 4 personas

16,20 langostinos pelados

jugo de 1 limón

120 ml / 4 fl oz / ½ taza de vino blanco seco

30 ml / 2 cucharadas de salsa de soja

30 ml / 2 cucharadas de miel

15 ml / 1 cucharada de cáscara de limón rallada

sal y pimienta

45 ml / 3 cucharadas de aceite de maní (maní)

1 diente de ajo picado

6 cebolletas (cebolletas), cortadas en tiras

2 zanahorias, cortadas en tiras

5 ml / 1 cucharadita de polvo de cinco especias

5 ml / 1 cucharadita de harina de maíz (maicena)

Mezclar las gambas con el jugo de limón, el vino, la salsa de soja, la miel y la cáscara de limón y sazonar con sal y pimienta. Cubra y deje marinar durante 1 hora. Calentar el aceite y sofreír los ajos hasta que estén ligeramente dorados. Agregue las verduras y saltee hasta que estén tiernas pero aún crujientes.

Escurrir las gambas, añadirlas a la sartén y sofreír durante 2 minutos. Presion

la marinada y mézclela con el polvo de cinco especias y la maicena. Añadir al wok, remover bien y llevar a ebullición.

Langostino Foo Yung

Para 4 personas

6 huevos batidos

45 ml / 3 cucharadas de harina de maíz (maicena)

225 g / 8 oz de gambas peladas

100 g / 4 oz de champiñones, en rodajas

5 ml / 1 cucharadita de sal

2 cebolletas (cebolletas), picadas

45 ml / 3 cucharadas de aceite de maní (maní)

Batir los huevos y luego incorporar la harina de maíz. Agregue todos los ingredientes restantes excepto el aceite. Calentar el aceite y verter la mezcla en la sartén poco a poco para hacer tortitas de unos 7,5 cm de ancho. Freír hasta que el fondo esté dorado, luego voltear y dorar el otro lado.

Papas Fritas De Gambas

Para 4 personas

12 gambas grandes crudas

1 huevo batido

30 ml / 2 cucharadas de harina de maíz (maicena)

pizca de sal

pizca de pimienta

3 rebanadas de pan

1 yema de huevo hervida (cocida), picada

25 g / 1 oz de jamón cocido, picado

1 cebolla tierna (cebolleta), picada

aceite para freír

Retirar las cáscaras y las venas del dorso de las gambas, dejando intactas las colas. Corta el dorso de las gambas con un cuchillo afilado y aplánalas suavemente. Batir el huevo, la maicena, la sal y la pimienta. Mezcle las gambas en la mezcla hasta que estén completamente cubiertas. Retirar la corteza del pan y cortarlo en cuartos. Coloque una gamba, con el lado cortado hacia abajo, en cada pieza y presione hacia abajo. Unte un poco de mezcla de huevo sobre cada langostino y luego espolvoree con la yema de huevo, el jamón y la cebolleta. Calentar el aceite y freír los trozos de pan de gambas por tandas hasta que estén dorados. Escurrir sobre papel de cocina y servir caliente.

Langostinos Fritos en Salsa

Para 4 personas

75 g / 3 oz / colmada ¬° taza de harina de maíz (maicena)

¬Ω huevo batido

5 ml / 1 cucharadita de vino de arroz o jerez seco

sal

450 g / 1 libra de gambas peladas

45 ml / 3 cucharadas de aceite de maní (maní)

5 ml / 1 cucharadita de aceite de sésamo

1 diente de ajo machacado

1 rodaja de raíz de jengibre, picada

3 cebolletas (cebolletas), en rodajas

15 ml / 1 cucharada de caldo de pescado

5 ml / 1 cucharadita de vinagre de vino

5 ml / 1 cucharadita de azúcar

Mezcle la harina de maíz, el huevo, el vino o el jerez y una pizca de sal para hacer una masa. Sumerge las gambas en la masa para que queden ligeramente rebozadas. Calentar el aceite y sofreír las gambas hasta que estén crujientes por fuera. Retirarlos de la sartén y escurrir el aceite. Calentar el aceite de sésamo en la sartén, añadir las gambas, el ajo, el jengibre y cebolletas y sofríe durante 3 minutos. Agregue el caldo, el vinagre de vino y el azúcar, revuelva bien y caliente antes de servir.

Langostinos escalfados con jamón y tofu

Para 4 personas

30 ml / 2 cucharadas de aceite de cacahuete
225 g / 8 oz de tofu, en cubos
600 ml / 1 pt / 2 Ω tazas de caldo de pollo
100 g / 4 oz de jamón ahumado, en cubos
225 g / 8 oz de gambas peladas

Calentar el aceite y sofreír el tofu hasta que esté ligeramente dorado. Retirar de la sartén y escurrir. Caliente el caldo, agregue el tofu y el jamón y cocine a fuego lento durante unos 10 minutos hasta que el tofu esté cocido. Agregue las gambas y cocine a fuego lento durante 5 minutos más hasta que estén bien calientes. Sirva en tazones hondos.

Pollo con brotes de bambú

Para 4 personas

45 ml / 3 cucharadas de aceite de maní (maní)
1 diente de ajo machacado
1 cebolla tierna (cebolleta), picada
1 rodaja de raíz de jengibre, picada
225 g / 8 oz de pechuga de pollo, cortada en rodajas
225 g / 8 oz de brotes de bambú, cortados en astillas
45 ml / 3 cucharadas de salsa de soja
15 ml / 1 cucharada de vino de arroz o jerez seco
5 ml / 1 cucharadita de harina de maíz (maicena)

Calentar el aceite y sofreír el ajo, la cebolleta y el jengibre hasta que estén ligeramente dorados. Agrega el pollo y sofríe durante 5 minutos. Agrega los brotes de bambú y sofríe durante 2 minutos. Agregue la salsa de soja, el vino o el jerez y la harina de maíz y saltee durante unos 3 minutos hasta que el pollo esté bien cocido.

Jamón al vapor

Sirve de 6 a 8

900 g / 2 lb de jamón fresco
30 ml / 2 cucharadas de azúcar morena
60 ml / 4 cucharadas de vino de arroz o jerez seco

Coloque el jamón en un plato resistente al calor sobre una rejilla, tápelo y cocine al vapor sobre agua hirviendo durante aproximadamente 1 hora. Agregue el azúcar y el vino o jerez al plato, tape y cocine al vapor durante 1 hora más o hasta que el jamón esté cocido. Dejar enfriar en el bol antes de cortar.

Tocino con Repollo

Para 4 personas

4 lonjas de tocino, anilladas y picadas
2,5 ml / ½ cucharadita de sal
1 rodaja de raíz de jengibre, picada
½ repollo, rallado
75 ml / 5 cucharadas de caldo de pollo
15 ml / 1 cucharada de salsa de ostras

Fríe el tocino hasta que esté crujiente y luego retíralo de la sartén. Agrega la sal y el jengibre y sofríe durante 2 minutos. Agregue el repollo y revuelva bien, luego agregue el tocino y agregue el caldo, cubra y cocine a fuego lento durante unos 5 minutos hasta que el repollo esté tierno pero aún ligeramente crujiente. Agregue la salsa de ostras, cubra y cocine a fuego lento durante 1 minuto antes de servir.

Pollo con almendras

Para 4 a 6 porciones

375 ml / 13 fl oz / 1½ tazas de caldo de pollo

60 ml / 4 cucharadas de vino de arroz o jerez seco

45 ml / 3 cucharadas de harina de maíz (maicena)

15 ml / 1 cucharada de salsa de soja

4 pechugas de pollo

1 clara de huevo

2,5 ml / ½ cucharadita de sal

aceite para freír

75 g / 3 oz / ½ taza de almendras blanqueadas

1 zanahoria grande, cortada en cubitos

5 ml / 1 cucharadita de raíz de jengibre rallada

6 cebolletas (cebolletas), en rodajas

3 tallos de apio, en rodajas

100 g / 4 oz de champiñones, en rodajas

100 g / 4 oz de brotes de bambú, en rodajas

Mezclar el caldo, la mitad del vino o jerez, 30 ml / 2 cucharadas de harina de maíz y la salsa de soja en una cacerola. Lleve a ebullición, revolviendo, luego cocine a fuego lento durante 5 minutos hasta que la mezcla espese. Retirar del fuego y mantener caliente.

Retire la piel y los huesos del pollo y córtelo en trozos de 2,5 cm / 1. Mezcle el resto del vino o jerez y la maicena, la clara de huevo y la sal, agregue los trozos de pollo y revuelva bien. Calentar el aceite y freír los trozos de pollo unos a la vez durante unos 5 minutos hasta que se doren. Escurrir bien. Retire todo menos 30 ml / 2 cucharadas de aceite de la sartén y saltee las almendras durante 2 minutos hasta que estén doradas. Escurrir bien. Agrega la zanahoria y el jengibre a la sartén y sofríe durante 1 minuto. Agregue las verduras restantes y saltee durante unos 3 minutos hasta que las verduras estén tiernas pero aún crujientes. Regrese el pollo y las almendras a la sartén con la salsa y revuelva a fuego moderado durante unos minutos hasta que esté bien caliente.

Pollo con Almendras y Castañas de Agua

Para 4 personas

6 hongos chinos secos
4 trozos de pollo deshuesados
100 g / 4 oz de almendras molidas
sal y pimienta recién molida
60 ml / 4 cucharadas de aceite de cacahuete
100 g / 4 oz de castañas de agua, en rodajas
75 ml / 5 cucharadas de caldo de pollo
30 ml / 2 cucharadas de salsa de soja

Remojar los champiñones en agua tibia durante 30 minutos y luego escurrir. Deseche los tallos y corte las tapas. Cortar el pollo en rodajas finas. Sazone las almendras generosamente con sal y pimienta y cubra las rodajas de pollo con las almendras. Calentar el aceite y sofreír el pollo hasta que esté ligeramente dorado. Agrega los champiñones, las castañas de agua, el caldo y la salsa de soja, lleva a ebullición, tapa y cocina a fuego lento unos minutos hasta que el pollo esté cocido.

Pollo con Almendras y Verduras

Para 4 personas

75 ml / 5 cucharadas de aceite de maní (maní)

4 rodajas de raíz de jengibre, picadas

5 ml / 1 cucharadita de sal

100 g / 4 oz de col china, rallada

50 g / 2 oz de brotes de bambú, cortados en cubitos

50 g / 2 oz de champiñones, cortados en cubitos

2 tallos de apio, cortados en cubitos

3 castañas de agua, cortadas en cubitos

120 ml / 4 fl oz / ½ taza de caldo de pollo

225 g / 8 oz de pechuga de pollo, cortada en cubitos

15 ml / 1 cucharada de vino de arroz o jerez seco

50 g / 2 oz de tirabeques (guisantes)

100 g / 4 oz de almendras en copos, tostadas

10 ml / 2 cucharaditas de harina de maíz (maicena)

15 ml / 1 cucharada de agua

Calentar la mitad del aceite y sofreír el jengibre y la sal durante 30 segundos. Agrega el repollo, los brotes de bambú, los champiñones, el apio y las castañas de agua y sofríe durante 2 minutos. Agrega el caldo, lleva a ebullición, tapa y cocina a fuego lento durante 2 minutos. Retire las verduras y la salsa de la sartén. Calentar el aceite restante y freír el pollo durante 1 minuto. Agrega el vino o jerez y sofríe durante 1 minuto. Regrese las verduras a la sartén con el tirabeque y las almendras y cocine a fuego lento durante 30 segundos. Mezcle la harina de maíz y el agua hasta obtener una pasta, revuélvala con la salsa y cocine a fuego lento, revolviendo, hasta que la salsa espese.

Pollo al anís

Para 4 personas

75 ml / 5 cucharadas de aceite de maní (maní)
2 cebollas picadas
1 diente de ajo picado
2 rodajas de raíz de jengibre picadas
15 ml / 1 cucharada de harina común (para todo uso)
30 ml / 2 cucharadas de curry en polvo
450 g / 1 libra de pollo, en cubos
15 ml / 1 cucharada de azúcar
30 ml / 2 cucharadas de salsa de soja
450 ml / ¾ pt / 2 tazas de caldo de pollo
2 dientes de anís estrellado
225 g / 8 oz de papas, cortadas en cubitos

Calentar la mitad del aceite y freír las cebollas hasta que estén ligeramente doradas y luego retirarlas de la sartén. Calentar el aceite restante y freír el ajo y el jengibre durante 30 segundos. Agregue la harina y el curry en polvo y cocine por 2 minutos. Regrese las cebollas a la sartén, agregue el pollo y sofría por 3 minutos. Agregue el azúcar, la salsa de soja, el caldo y el anís, lleve a ebullición, tape y cocine a fuego lento durante 15 minutos. Agregue las papas, vuelva a hervir, tape y cocine a fuego lento durante 20 minutos más hasta que estén tiernas.

Pollo con Albaricoques

Para 4 personas

4 trozos de pollo
sal y pimienta recién molida
pizca de jengibre molido
60 ml / 4 cucharadas de aceite de cacahuete
225 g / 8 oz de albaricoques enlatados, cortados por la mitad
300 ml / ½ pt / 1 ¼ tazas de salsa agridulce
30 ml / 2 cucharadas de almendras en copos, tostadas

Sazone el pollo con sal, pimienta y jengibre. Calentar el aceite y sofreír el pollo hasta que esté ligeramente dorado. Tape y cocine por unos 20 minutos hasta que estén tiernos, volteándolos ocasionalmente. Escurre el aceite. Agregue los albaricoques y la salsa a la sartén, lleve a ebullición, cubra y cocine a fuego lento durante unos 5 minutos o hasta que esté bien caliente. Adorne con almendras en copos.

Pollo con Espárragos

Para 4 personas

45 ml / 3 cucharadas de aceite de maní (maní)

5 ml / 1 cucharadita de sal

1 diente de ajo machacado

1 cebolla tierna (cebolleta), picada

1 pechuga de pollo en rodajas

30 ml / 2 cucharadas de salsa de frijoles negros

350 g / 12 oz de espárragos, cortados en trozos de 2,5 cm / 1

120 ml / 4 fl oz / ½ taza de caldo de pollo

5 ml / 1 cucharadita de azúcar

15 ml / 1 cucharada de harina de maíz (maicena)

45 ml / 3 cucharadas de agua

Calentar la mitad del aceite y sofreír la sal, el ajo y la cebolleta hasta que estén ligeramente dorados. Agrega el pollo y fríelo hasta que tenga un color ligero. Agregue la salsa de frijoles negros y revuelva para cubrir el pollo. Agrega los espárragos, el caldo y el azúcar, lleva a ebullición, tapa y cocina a fuego lento durante 5 minutos hasta que el pollo esté tierno. Mezcle la harina de maíz y el agua hasta obtener una pasta, revuélvala en la sartén y cocine a fuego lento, revolviendo, hasta que la salsa se aclare y espese.

Pollo con Berenjena

Para 4 personas

225 g / 8 oz de pollo, en rodajas

15 ml / 1 cucharada de salsa de soja

15 ml / 1 cucharada de vino de arroz o jerez seco

15 ml / 1 cucharada de harina de maíz (maicena)

1 berenjena (berenjena), pelada y cortada en tiras

30 ml / 2 cucharadas de aceite de cacahuete

2 chiles rojos secos

2 dientes de ajo machacados

75 ml / 5 cucharadas de caldo de pollo

Coloca el pollo en un bol. Mezclar la salsa de soja, el vino o el jerez y la maicena, incorporar al pollo y dejar reposar 30 minutos. Escaldar la berenjena en agua hirviendo durante 3 minutos y escurrir bien. Calentar el aceite y sofreír los pimientos hasta que se oscurezcan, luego retirarlos y desecharlos. Agrega el ajo y el pollo y sofríe hasta que estén ligeramente coloreados. Agregue el caldo y la berenjena, lleve a ebullición, tape y cocine a fuego lento durante 3 minutos, revolviendo ocasionalmente.

Pollo enrollado con tocino

Para 4 a 6 porciones

225 g / 8 oz de pollo, en cubos
30 ml / 2 cucharadas de salsa de soja
15 ml / 1 cucharada de vino de arroz o jerez seco
5 ml / 1 cucharadita de azúcar
5 ml / 1 cucharadita de aceite de sésamo
sal y pimienta recién molida
225 g / 8 oz lonchas de tocino
1 huevo, ligeramente batido
100 g / 4 oz de harina común (para todo uso)
aceite para freír
4 tomates, en rodajas

Mezclar el pollo con la salsa de soja, vino o jerez, azúcar, aceite de sésamo, sal y pimienta. Tape y deje marinar durante 1 hora, revolviendo ocasionalmente, luego retire el pollo y deseche la marinada. Corta el tocino en trozos y envuélvelo alrededor de los cubos de pollo. Batir los huevos con la harina para hacer una masa espesa, agregando un poco de leche si es necesario. Sumerge los cubos en la masa. Calentar el aceite y freír los cubos hasta que estén dorados y bien cocidos. Sirve adornado con tomates.

Pollo con Brotes de Frijoles

Para 4 personas

45 ml / 3 cucharadas de aceite de maní (maní)
1 diente de ajo machacado
1 cebolla tierna (cebolleta), picada
1 rodaja de raíz de jengibre, picada
225 g / 8 oz de pechuga de pollo, cortada en rodajas
225 g / 8 oz de brotes de soja
45 ml / 3 cucharadas de salsa de soja
15 ml / 1 cucharada de vino de arroz o jerez seco
5 ml / 1 cucharadita de harina de maíz (maicena)

Calentar el aceite y sofreír el ajo, la cebolleta y el jengibre hasta que estén ligeramente dorados. Agrega el pollo y sofríe durante 5 minutos. Agrega los brotes de soja y sofríe durante 2 minutos. Agregue la salsa de soja, el vino o el jerez y la harina de maíz y saltee durante unos 3 minutos hasta que el pollo esté bien cocido.

Pollo con Salsa de Frijoles Negros

Para 4 personas

30 ml / 2 cucharadas de aceite de cacahuete

5 ml / 1 cucharadita de sal

30 ml / 2 cucharadas de salsa de frijoles negros

2 dientes de ajo machacados

450 g / 1 libra de pollo, cortado en cubitos

250 ml / 8 fl oz / 1 taza de caldo

1 pimiento verde cortado en cubitos

1 cebolla picada

15 ml / 1 cucharada de salsa de soja

pimienta recién molida

15 ml / 1 cucharada de harina de maíz (maicena)

45 ml / 3 cucharadas de agua

Calentar el aceite y freír la sal, los frijoles negros y el ajo durante 30 segundos. Agrega el pollo y sofríe hasta que esté ligeramente dorado. Agregue el caldo, lleve a ebullición, tape y cocine a fuego lento durante 10 minutos. Agregue el pimiento, la cebolla, la salsa de soja y el pimiento, tape y cocine a fuego lento durante 10 minutos más. Mezcle la harina de maíz y el agua hasta obtener una pasta, agregue la salsa y cocine a fuego lento, revolviendo, hasta que la salsa se espese y el pollo esté tierno.

Pollo con Brócoli

Para 4 personas

450 g / 1 lb de carne de pollo, cortada en cubitos

225 g / 8 oz de hígados de pollo

45 ml / 3 cucharadas de harina normal (para todo uso)

45 ml / 3 cucharadas de aceite de maní (maní)

1 cebolla cortada en cubitos

1 pimiento rojo cortado en cubitos

1 pimiento verde cortado en cubitos

225 g / 8 oz de floretes de brócoli

4 rodajas de piña, cortadas en cubitos

30 ml / 2 cucharadas de puré de tomate (pasta)

30 ml / 2 cucharadas de salsa hoisin

30 ml / 2 cucharadas de miel

30 ml / 2 cucharadas de salsa de soja

300 ml / ½ pt / 1¼ tazas de caldo de pollo

10 ml / 2 cucharaditas de aceite de sésamo

Mezcle el pollo y los hígados de pollo en la harina. Calentar el aceite y sofreír el hígado durante 5 minutos y luego retirar de la sartén. Agrega el pollo, tapa y fríe a fuego moderado durante 15 minutos, revolviendo de vez en cuando. Agrega las verduras y la piña y sofríe durante 8 minutos. Regrese los hígados al wok, agregue los ingredientes restantes y lleve a ebullición. Cocine a fuego lento, revolviendo, hasta que la salsa espese.

Pollo con Repollo y Maní

Para 4 personas

45 ml / 3 cucharadas de aceite de maní (maní)
30 ml / 2 cucharadas de cacahuetes
450 g / 1 libra de pollo, cortado en cubitos
½ repollo, cortado en cuadritos
15 ml / 1 cucharada de salsa de frijoles negros
2 chiles rojos picados
5 ml / 1 cucharadita de sal

Calentar un poco de aceite y freír los cacahuetes durante unos minutos, revolviendo continuamente. Retirar, escurrir y triturar. Calentar el aceite restante y sofreír el pollo y el repollo hasta que estén ligeramente dorados. Retirar de la sartén. Agrega la salsa de frijoles negros y las guindillas y sofríe durante 2 minutos. Regrese el pollo y el repollo a la sartén con el maní triturado y sazone con sal. Sofreír hasta que esté bien caliente y luego servir de inmediato.

Pollo con Anacardos

Para 4 personas

30 ml / 2 cucharadas de salsa de soja

30 ml / 2 cucharadas de harina de maíz (maicena)

15 ml / 1 cucharada de vino de arroz o jerez seco

350 g / 12 oz de pollo, en cubos

45 ml / 3 cucharadas de aceite de maní (maní)

2,5 ml / ½ cucharadita de sal

2 dientes de ajo machacados

225 g / 8 oz de champiñones, en rodajas

100 g / 4 oz de castañas de agua, en rodajas

100 g / 4 oz de brotes de bambú

50 g / 2 oz de tirabeques (guisantes)

225 g / 8 oz / 2 tazas de anacardos

300 ml / ½ pt / 1¼ tazas de caldo de pollo

Mezclar la salsa de soja, la maicena y el vino o jerez, verter sobre el pollo, tapar y dejar macerar durante al menos 1 hora. Calentar 30 ml / 2 cucharadas de aceite con la sal y el ajo y freír hasta que el ajo esté ligeramente dorado. Agrega el pollo con la marinada y sofríe durante 2 minutos hasta que el pollo esté ligeramente dorado. Añadir los champiñones, las castañas de agua, los brotes de bambú y el tirabeque y sofreír durante 2 minutos. Mientras tanto, calentar el aceite restante en una sartén aparte y freír los anacardos a fuego suave durante unos minutos hasta que se doren. Añádelos a la sartén con el caldo, lleva a ebullición, tapa y cocina a fuego lento durante 5 minutos. Si la salsa no se ha espesado lo suficiente, agregue un poco de harina de maíz mezclada con una cucharada de agua y revuelva hasta que la salsa espese y se aclare.

Pollo con Castañas

Para 4 personas

225 g / 8 oz de pollo, en rodajas
5 ml / 1 cucharadita de sal
15 ml / 1 cucharada de salsa de soja
aceite para freír
250 ml / 8 fl oz / 1 taza de caldo de pollo
200 g / 7 oz de castañas de agua, picadas
225 g / 8 oz de castañas, picadas
225 g / 8 oz de champiñones, en cuartos
15 ml / 1 cucharada de perejil fresco picado

Espolvoree el pollo con sal y salsa de soja y frótelo bien en el pollo. Calentar el aceite y sofreír el pollo hasta que esté dorado, retirar y escurrir. Coloque el pollo en una sartén con el caldo, lleve a ebullición y cocine a fuego lento durante 5 minutos. Agrega las castañas de agua, las castañas y los champiñones, tapa y cocina a fuego lento durante unos 20 minutos hasta que todo esté tierno. Sirve adornado con perejil.

Pollo picante

Para 4 personas

350 g / 1 libra de carne de pollo, en cubos

1 huevo, ligeramente batido

10 ml / 2 cucharaditas de salsa de soja

2,5 ml / ½ cucharadita de harina de maíz (maicena)

aceite para freír

1 pimiento verde cortado en cubitos

4 dientes de ajo machacados

2 chiles rojos, rallados

5 ml / 1 cucharadita de pimienta recién molida

5 ml / 1 cucharadita de vinagre de vino

5 ml / 1 cucharadita de agua

2,5 ml / ½ cucharadita de azúcar

2,5 ml / ½ cucharadita de aceite de chile

2,5 ml / ½ cucharadita de aceite de sésamo

Mezclar el pollo con el huevo, la mitad de la salsa de soja y la maicena y dejar reposar 30 minutos. Calentar el aceite y sofreír el pollo hasta que esté dorado y escurrir bien. Vierta todo menos 15 ml / 1 cucharada de aceite de la sartén, agregue la pimienta, el ajo y los chiles y fría durante 30 segundos. Agrega la pimienta, el vinagre de vino, el agua y el azúcar y sofríe durante 30 segundos.

Regrese el pollo a la sartén y saltee durante unos minutos hasta que esté bien cocido. Sirva espolvoreado con ají y aceite de sésamo.

Pollo Salteado con Chile

Para 4 personas

225 g / 8 oz de pollo, en rodajas

2,5 ml / ½ cucharadita de salsa de soja

2,5 ml / ½ cucharadita de aceite de sésamo

2,5 ml / ½ cucharadita de vino de arroz o jerez seco

5 ml / 1 cucharadita de harina de maíz (maicena)

sal

45 ml / 3 cucharadas de aceite de maní (maní)

100 g / 4 oz de espinacas

4 cebolletas (cebolletas), picadas

2,5 ml / ½ cucharadita de chile en polvo

15 ml / 1 cucharada de agua

1 tomate en rodajas

Mezclar el pollo con la salsa de soja, aceite de sésamo, vino o jerez, la mitad de la maicena y una pizca de sal. Dejar reposar 30 minutos. Calentar 15 ml / 1 cucharada de aceite y freír el pollo hasta que esté ligeramente dorado. Retirar del wok. Calentar 15 ml / 1 cucharada de aceite y sofreír las espinacas hasta que se ablanden y luego retirarlas del wok. Calentar el aceite restante y sofreír las cebolletas, la guindilla en polvo, el agua y la harina de maíz restante durante 2 minutos. Agregue el pollo y saltee rápidamente. Coloque las espinacas alrededor de un plato para servir caliente, cubra con el pollo y sirva adornado con tomates.

Chop Suey de Pollo

Para 4 personas

100 g / 4 oz de hojas chinas, ralladas

100 g / 4 oz de brotes de bambú, cortados en tiras

60 ml / 4 cucharadas de aceite de cacahuete

3 cebolletas (cebolletas), en rodajas

2 dientes de ajo machacados

1 rodaja de raíz de jengibre, picada

225 g / 8 oz de pechuga de pollo, cortada en tiras

45 ml / 3 cucharadas de salsa de soja

15 ml / 1 cucharada de vino de arroz o jerez seco

5 ml / 1 cucharadita de sal

2,5 ml / ½ cucharadita de azúcar

pimienta recién molida

15 ml / 1 cucharada de harina de maíz (maicena)

Escaldar las hojas chinas y los brotes de bambú en agua hirviendo durante 2 minutos. Escurrir y secar. Calentar 45 ml / 3 cucharadas de aceite y sofreír la cebolla, el ajo y el jengibre hasta que estén ligeramente dorados. Agrega el pollo y sofríe durante 4 minutos. Retirar de la sartén. Calentar el aceite restante y sofreír las verduras durante 3 minutos. Agrega el pollo, la salsa de soja, el vino o jerez, la sal, el azúcar y una pizca de pimienta y sofríe durante 1 minuto. Mezcle la harina de maíz con un poco de agua, revuélvala con la salsa y cocine a fuego lento, revolviendo, hasta que la salsa se aclare y espese.

Pollo chow mein

Para 4 personas

30 ml / 2 cucharadas de aceite de cacahuete

2 dientes de ajo machacados

450 g / 1 libra de pollo, en rodajas

225 g / 8 oz de brotes de bambú, en rodajas

100 g / 4 oz de apio, en rodajas

225 g / 8 oz de champiñones, en rodajas

450 ml / ¾ pt / 2 tazas de caldo de pollo

225 g / 8 oz de brotes de soja

4 cebollas, cortadas en gajos

30 ml / 2 cucharadas de salsa de soja

30 ml / 2 cucharadas de harina de maíz (maicena)

225 g / 8 oz de fideos chinos secos

Calentar el aceite con el ajo hasta que esté ligeramente dorado, luego agregar el pollo y sofreír durante 2 minutos hasta que esté ligeramente dorado. Agrega los brotes de bambú, el apio y los champiñones y sofríe durante 3 minutos. Agregue la mayor parte del caldo, lleve a ebullición, tape y cocine a fuego lento durante 8 minutos. Agregue los brotes de soja y las cebollas y cocine a fuego lento durante 2 minutos, revolviendo, hasta que quede un poco de caldo. Mezcle el caldo restante con la salsa de soja y la maicena. Revuélvalo en la sartén y cocine a fuego lento, revolviendo, hasta que la salsa se aclare y espese.

Mientras tanto, cocine los fideos en agua hirviendo con sal durante unos minutos, de acuerdo con las instrucciones del paquete. Escurrir bien, mezclar con la mezcla de pollo y servir de inmediato.

Pollo crujiente con especias

Para 4 personas

450 g / 1 libra de carne de pollo, cortada en trozos

30 ml / 2 cucharadas de salsa de soja

30 ml / 2 cucharadas de salsa de ciruela

45 ml / 3 cucharadas de chutney de mango

1 diente de ajo machacado

2,5 ml / ½ cucharadita de jengibre molido

unas gotas de brandy

30 ml / 2 cucharadas de harina de maíz (maicena)

2 huevos batidos

100 g / 4 oz / 1 taza de pan rallado seco

30 ml / 2 cucharadas de aceite de cacahuete

6 cebolletas (cebolletas), picadas

1 pimiento rojo cortado en cubitos

1 pimiento verde cortado en cubitos

30 ml / 2 cucharadas de salsa de soja

30 ml / 2 cucharadas de miel

30 ml / 2 cucharadas de vinagre de vino

Coloca el pollo en un bol. Mezclar las salsas, el chutney, el ajo, el jengibre y el brandy, verter sobre el pollo, tapar y dejar macerar durante 2 horas. Escurrir el pollo y espolvorearlo con harina de maíz. Cubrir con huevos y luego pan rallado. Calentar el aceite y freír el pollo hasta que se dore. Retirar de la sartén. Agrega las verduras y sofríe durante 4 minutos y luego retira. Escurre el aceite de la sartén y luego regresa el pollo y las verduras a la sartén con los ingredientes restantes. Llevar a ebullición y calentar antes de servir.

Pollo Frito con Pepino

Para 4 personas

225 g / 8 oz de carne de pollo

1 clara de huevo

2,5 ml / ½ cucharadita de harina de maíz (maicena)

sal

½ pepino

30 ml / 2 cucharadas de aceite de cacahuete

100 g / 4 oz de champiñones

50 g / 2 oz de brotes de bambú, cortados en tiras

50 g / 2 oz de jamón, cortado en cubitos

15 ml / 1 cucharada de agua

2,5 ml / ½ cucharadita de sal

2,5 ml / ½ cucharadita de vino de arroz o jerez seco

2,5 ml / ½ cucharadita de aceite de sésamo

Cortar el pollo en rodajas y cortarlo en trozos. Mezclar con la clara de huevo, la maicena y la sal y dejar reposar. Cortar el pepino por la mitad a lo largo y cortar en diagonal en rodajas gruesas. Calentar el aceite y sofreír el pollo hasta que esté ligeramente dorado y luego retirar de la sartén. Agrega el pepino y los brotes de bambú y sofríe durante 1 minuto. Regrese el pollo a la sartén con el jamón, agua, sal y vino o jerez. Lleve a ebullición y cocine a fuego lento hasta que el pollo esté tierno. Sirve espolvoreado con aceite de sésamo.

Pollo al curry con chile

Para 4 personas

120 ml / 4 fl oz / ½ taza de aceite de maní (maní)

4 trozos de pollo

1 cebolla picada

5 ml / 1 cucharadita de curry en polvo

5 ml / 1 cucharadita de salsa de chile

15 ml / 1 cucharada de vino de arroz o jerez seco

2,5 ml / ½ cucharadita de sal

600 ml / 1 pt / 2½ tazas de caldo de pollo

15 ml / 1 cucharada de harina de maíz (maicena)

45 ml / 3 cucharadas de agua

5 ml / 1 cucharadita de aceite de sésamo

Calentar el aceite y freír los trozos de pollo hasta que estén dorados por ambos lados y luego retirarlos de la sartén. Agrega la cebolla, el curry en polvo y la salsa de chiles y sofríe durante 1 minuto. Agregue el vino o el jerez y la sal, revuelva bien, luego regrese el pollo a la sartén y revuelva nuevamente. Agregue el caldo, lleve a ebullición y cocine a fuego lento durante unos 30 minutos hasta que el pollo esté tierno. Si la salsa no se ha reducido lo suficiente, mezcle la harina de maíz y el agua hasta obtener una pasta, agregue un poco a la salsa y cocine a fuego lento, revolviendo, hasta que la salsa espese. Sirve espolvoreado con aceite de sésamo.

Pollo al curry chino

Para 4 personas

45 ml / 3 cucharadas de curry en polvo
1 cebolla en rodajas
350 g / 12 oz de pollo, cortado en cubitos
150 ml / ¼ pt / generosa ½ taza de caldo de pollo
5 ml / 1 cucharadita de sal
10 ml / 2 cucharaditas de harina de maíz (maicena)
15 ml / 1 cucharada de agua

Caliente el curry en polvo y la cebolla en una sartén seca durante 2 minutos, agitando la sartén para cubrir la cebolla. Agregue el pollo y revuelva hasta que esté bien cubierto de curry en polvo. Agregue el caldo y la sal, lleve a ebullición, tape y cocine a fuego lento durante unos 5 minutos hasta que el pollo esté tierno. Mezcle la harina de maíz y el agua hasta obtener una pasta, revuelva en la sartén y cocine a fuego lento, revolviendo, hasta que la salsa espese.

Pollo al curry rápido

Para 4 personas

450 g / 1 lb de pechugas de pollo, en cubos

45 ml / 3 cucharadas de vino de arroz o jerez seco

50 g / 2 oz de harina de maíz (maicena)

1 clara de huevo

sal

150 ml / ¼ pt / generosa ½ taza de aceite de maní (maní)

15 ml / 1 cucharada de curry en polvo

10 ml / 2 cucharaditas de azúcar morena

150 ml / ¼ pt / generosa ½ taza de caldo de pollo

Mezcle los cubos de pollo y el jerez. Reserva 10 ml / 2 cucharaditas de harina de maíz. Batir la clara de huevo con la harina de maíz restante y una pizca de sal y luego mezclar con el pollo hasta que esté bien cubierto. Calentar el aceite y sofreír el pollo hasta que esté cocido y dorado. Retirar de la sartén y escurrir todo menos 15 ml / 1 cucharada de aceite. Agregue la harina de maíz reservada, el curry en polvo y el azúcar y fría durante 1 minuto. Agregue el caldo, lleve a ebullición y cocine a fuego lento, revolviendo continuamente, hasta que la salsa espese. Regrese el pollo a la sartén, revuelva y vuelva a calentar antes de servir.

Pollo al Curry con Patatas

Para 4 personas

45 ml / 3 cucharadas de aceite de maní (maní)

2,5 ml / ½ cucharadita de sal

1 diente de ajo machacado

750 g / 1½ lb de pollo, en cubos

225 g / 8 oz de papas, en cubos

4 cebollas, cortadas en gajos

15 ml / 1 cucharada de curry en polvo

450 ml / ¾ pt / 2 tazas de caldo de pollo

225 g / 8 oz de champiñones, en rodajas

Calentar el aceite con la sal y el ajo, agregar el pollo y sofreír hasta que esté ligeramente dorado. Agrega las patatas, la cebolla y el curry en polvo y sofríe durante 2 minutos. Agregue el caldo, lleve a ebullición, tape y cocine a fuego lento durante unos 20 minutos hasta que el pollo esté cocido, revolviendo ocasionalmente. Agregue los champiñones, retire la tapa y cocine a fuego lento durante 10 minutos más hasta que el líquido se haya reducido.

Patas de pollo fritas

Para 4 personas
2 muslos de pollo grandes, deshuesados
2 cebolletas (cebolletas)
1 rodaja de jengibre, batido
120 ml / 4 fl oz / ½ taza de salsa de soja
5 ml / 1 cucharadita de vino de arroz o jerez seco
aceite para freír
5 ml / 1 cucharadita de aceite de sésamo
pimienta recién molida

Extienda la carne de pollo y márquela por todas partes. Batir 1 cebolla tierna y picar la otra. Mezcle las cebolletas tiernas aplastadas con el jengibre, la salsa de soja y el vino o jerez. Verter sobre el pollo y dejar macerar durante 30 minutos. Retirar y escurrir. Coloque en un plato sobre una rejilla para vaporera y cocine al vapor durante 20 minutos.

Calentar el aceite y sofreír el pollo durante unos 5 minutos hasta que se dore. Retirar de la sartén, escurrir bien y cortar en rodajas gruesas, luego colocar las rodajas en un plato para servir caliente. Calentar el aceite de sésamo, añadir la cebolleta picada y el pimiento, verter sobre el pollo y servir.

Pollo Frito con Salsa de Curry

Para 4 personas

1 huevo, ligeramente batido

30 ml / 2 cucharadas de harina de maíz (maicena)

25 g / 1 oz / ¼ taza de harina común (para todo uso)

2,5 ml / ½ cucharadita de sal

225 g / 8 oz de pollo, en cubos

aceite para freír

30 ml / 2 cucharadas de aceite de cacahuete

30 ml / 2 cucharadas de curry en polvo

60 ml / 4 cucharadas de vino de arroz o jerez seco

Batir el huevo con la maicena, la harina y la sal hasta obtener una masa espesa. Vierta sobre el pollo y revuelva bien para cubrir. Calentar el aceite y sofreír el pollo hasta que esté dorado y bien cocido. Mientras tanto, calentar el aceite y freír el curry en polvo durante 1 minuto. Agregue el vino o jerez y deje hervir. Coloque el pollo en un plato caliente y vierta sobre la salsa de curry.

pollo borracho

Para 4 personas

450 g / 1 libra de filete de pollo, cortado en trozos

60 ml / 4 cucharadas de salsa de soja

30 ml / 2 cucharadas de salsa hoisin

30 ml / 2 cucharadas de salsa de ciruela

30 ml / 2 cucharadas de vinagre de vino

2 dientes de ajo machacados

pizca de sal

unas gotas de aceite de guindilla

2 claras de huevo

60 ml / 4 cucharadas de harina de maíz (maicena)

aceite para freír

200 ml / ½ pt / 1 ¼ tazas de vino de arroz o jerez seco

Coloca el pollo en un bol. Mezclar las salsas y el vinagre de vino, el ajo, la sal y el aceite de guindilla, verter sobre el pollo y dejar marinar en el frigorífico durante 4 horas. Batir las claras de huevo hasta que estén firmes e incorporar la maicena. Retire el pollo de la marinada y cúbralo con la mezcla de clara de huevo. Calentar el aceite y sofreír el pollo hasta que esté bien cocido y dorado. Escurrir bien sobre papel de cocina y colocar en un bol.

Verter sobre el vino o jerez, tapar y dejar macerar en el frigorífico durante 12 horas. Retirar el pollo del vino y servir frío.

Pollo Salado con Huevos

Para 4 personas

30 ml / 2 cucharadas de aceite de cacahuete

4 trozos de pollo

2 cebolletas (cebolletas), picadas

1 diente de ajo machacado

1 rodaja de raíz de jengibre, picada

175 ml / 6 fl oz / ¾ taza de salsa de soja

30 ml / 2 cucharadas de vino de arroz o jerez seco

30 ml / 2 cucharadas de azúcar morena

5 ml / 1 cucharadita de sal

375 ml / 13 fl oz / 1½ tazas de agua

4 huevos duros (duros)

15 ml / 1 cucharada de harina de maíz (maicena)

Calentar el aceite y freír los trozos de pollo hasta que estén dorados. Agrega las cebolletas, el ajo y el jengibre y sofríe durante 2 minutos. Agregue la salsa de soja, el vino o el jerez, el azúcar y la sal y revuelva bien. Agrega el agua y lleva a ebullición, tapa y cocina a fuego lento durante 20 minutos. Agregue los huevos duros, tape y cocine por 15 minutos más. Mezcle la harina de maíz con un poco de agua, revuélvala con la salsa y cocine a fuego lento, revolviendo, hasta que la salsa se aclare y espese.

Rollos de huevo de gallina

Para 4 personas

4 hongos chinos secos

100 g / 4 oz de pollo, cortado en tiras

5 ml / 1 cucharadita de harina de maíz (maicena)

15 ml / 1 cucharada de salsa de soja

2,5 ml / ½ cucharadita de sal

2,5 ml / ½ cucharadita de azúcar

60 ml / 4 cucharadas de aceite de cacahuete

225 g / 8 oz de brotes de soja

3 cebolletas (cebolletas), picadas

100 g / 4 oz de espinacas

12 pieles de rollitos de huevo

1 huevo batido

aceite para freír

Remojar los champiñones en agua tibia durante 30 minutos y luego escurrir. Desechar los tallos y picar las tapas. Coloca el pollo en un bol. Mezcle la harina de maíz con 5 ml / 1 cucharadita de salsa de soja, la sal y el azúcar y agregue al pollo. Dejar reposar durante 15 minutos. Calentar la mitad del aceite y sofreír el pollo hasta que esté ligeramente dorado. Escaldar los brotes de soja en agua hirviendo durante 3 minutos y luego escurrir. Calentar el aceite restante y sofreír las cebolletas hasta que estén ligeramente doradas. Agregue los champiñones, los brotes de soja, las espinacas y el resto de la salsa de soja. Agregue el pollo y saltee durante 2 minutos. Dejar enfriar. Coloque un poco de relleno en el centro de cada piel y cepille los bordes con huevo batido. Doble los lados y luego enrolle los rollos de huevo, sellando los bordes con huevo. Calentar el aceite y sofreír los rollitos de huevo hasta que estén crujientes y dorados.

Pollo Estofado con Huevos

Para 4 personas

30 ml / 2 cucharadas de aceite de cacahuete

4 filetes de pechuga de pollo, cortados en tiras

1 pimiento rojo cortado en tiras

1 pimiento verde cortado en tiritas

45 ml / 3 cucharadas de salsa de soja

45 ml / 3 cucharadas de vino de arroz o jerez seco

250 ml / 8 fl oz / 1 taza de caldo de pollo

100 g / 4 oz de lechuga iceberg, rallada

5 ml / 1 cucharadita de azúcar morena

30 ml / 2 cucharadas de salsa hoisin

sal y pimienta

15 ml / 1 cucharada de harina de maíz (maicena)

30 ml / 2 cucharadas de agua

4 huevos

30 ml / 2 cucharadas de jerez

Calentar el aceite y sofreír el pollo y los pimientos hasta que estén dorados. Agrega la salsa de soja, el vino o el jerez y el caldo, lleva a ebullición, tapa y cocina a fuego lento durante 30 minutos. Agrega la lechuga, el azúcar y la salsa hoisin y sazona con sal y pimienta. Mezcle la harina de maíz y el agua, mezcle con la salsa y deje que hierva, revolviendo. Batir los huevos con el jerez y sofreír como tortillas finas. Espolvorear con sal y pimienta y cortar en tiras. Disponga en una fuente para servir caliente y vierta sobre el pollo.

Pollo del Lejano Oriente

Para 4 personas

60 ml / 4 cucharadas de aceite de cacahuete

450 g / 1 libra de carne de pollo, cortada en trozos

2 dientes de ajo machacados

2,5 ml / ½ cucharadita de sal

2 cebollas picadas

2 piezas de jengibre de tallo, picado

45 ml / 3 cucharadas de salsa de soja

30 ml / 2 cucharadas de salsa hoisin

45 ml / 3 cucharadas de vino de arroz o jerez seco

300 ml / ½ pt / 1¼ tazas de caldo de pollo

5 ml / 1 cucharadita de pimienta recién molida

6 huevos duros (duros), picados

15 ml / 1 cucharada de harina de maíz (maicena)

15 ml / 1 cucharada de agua

Calentar el aceite y freír el pollo hasta que se dore. Agrega el ajo, la sal, la cebolla y el jengibre y sofríe durante 2 minutos. Agregue la salsa de soja, salsa hoisin, vino o jerez, caldo y pimienta. Llevar a ebullición, tapar y cocinar a fuego lento durante 30 minutos. Agrega los huevos. Mezcle la harina de maíz y el agua y revuélvala con la salsa. Lleve a ebullición y cocine a fuego lento, revolviendo, hasta que la salsa espese.

Pollo Foo Yung

Para 4 personas

6 huevos batidos
45 ml / 3 cucharadas de harina de maíz (maicena)
100 g / 4 oz de champiñones, picados en trozos grandes
225 g / 8 oz de pechuga de pollo, cortada en cubitos
1 cebolla finamente picada
5 ml / 1 cucharadita de sal
45 ml / 3 cucharadas de aceite de maní (maní)

Batir los huevos y luego incorporar la harina de maíz. Agregue todos los ingredientes restantes excepto el aceite. Calentar el aceite. Vierta la mezcla en la sartén poco a poco para hacer tortitas pequeñas de unos 7,5 cm de ancho. Cocine hasta que el fondo esté dorado, luego dé vuelta y cocine por el otro lado.

Jamón y Pollo Foo Yung

Para 4 personas

6 huevos batidos

45 ml / 3 cucharadas de harina de maíz (maicena)

100 g / 4 oz de jamón, cortado en cubitos

225 g / 8 oz de pechuga de pollo, cortada en cubitos

3 cebolletas (cebolletas), finamente picadas

5 ml / 1 cucharadita de sal

45 ml / 3 cucharadas de aceite de maní (maní)

Batir los huevos y luego incorporar la harina de maíz. Agregue todos los ingredientes restantes excepto el aceite. Calentar el aceite. Vierta la mezcla en la sartén poco a poco para hacer tortitas pequeñas de unos 7,5 cm de ancho. Cocine hasta que el fondo esté dorado, luego dé vuelta y cocine por el otro lado.

Pollo Frito con Jengibre

Para 4 personas

1 pollo, cortado por la mitad
4 rodajas de raíz de jengibre, trituradas
30 ml / 2 cucharadas de vino de arroz o jerez seco
30 ml / 2 cucharadas de salsa de soja
5 ml / 1 cucharadita de azúcar
aceite para freír

Coloque el pollo en un tazón poco profundo. Mezclar el jengibre, el vino o el jerez, la salsa de soja y el azúcar, verter sobre el pollo y frotar sobre la piel. Dejar macerar durante 1 hora. Calentar el aceite y sofreír el pollo, mitad a la vez, hasta que tenga un color ligero. Retirar del aceite y dejar enfriar un poco mientras recalienta el aceite. Regrese el pollo a la sartén y fríalo hasta que esté dorado y bien cocido. Escurrir bien antes de servir.

Pollo al jengibre

Para 4 personas

225 g / 8 oz de pollo, en rodajas finas

1 clara de huevo

pizca de sal

2,5 ml / ½ cucharadita de harina de maíz (maicena)

15 ml / 1 cucharada de aceite de cacahuete

10 rodajas de raíz de jengibre

6 champiñones, cortados por la mitad

1 zanahoria en rodajas

2 cebolletas (cebolletas), en rodajas

5 ml / 1 cucharadita de vino de arroz o jerez seco

5 ml / 1 cucharadita de agua

2,5 ml / ½ cucharadita de aceite de sésamo

Mezclar el pollo con la clara de huevo, la sal y la maicena. Calentar la mitad del aceite y freír el pollo hasta que esté ligeramente dorado y luego retirarlo de la sartén. Calentar el aceite restante y freír el jengibre, los champiñones, la zanahoria y las cebolletas durante 3 minutos. Regrese el pollo a la sartén con el vino o jerez y agua y cocine a fuego lento hasta que el pollo esté tierno. Sirve espolvoreado con aceite de sésamo.

Pollo al Jengibre con Champiñones y Castañas

Para 4 personas

60 ml / 4 cucharadas de aceite de cacahuete

225 g / 8 oz de cebollas, en rodajas

450 g / 1 lb de carne de pollo, cortada en cubitos

100 g / 4 oz de champiñones, en rodajas

30 ml / 2 cucharadas de harina común (para todo uso)

60 ml / 4 cucharadas de salsa de soja

10 ml / 2 cucharaditas de azúcar

sal y pimienta recién molida

900 ml / 1½ pt / 3¾ tazas de agua caliente

2 rodajas de raíz de jengibre picadas

450 g / 1 libra de castañas de agua

Calentar la mitad de aceite y freír las cebollas durante 3 minutos y luego retirarlas de la sartén. Calentar el aceite restante y freír el pollo hasta que esté ligeramente dorado.

Agrega los champiñones y cocina por 2 minutos. Espolvoree la mezcla con harina y luego agregue la salsa de soja, el azúcar, la sal y la pimienta. Vierta el agua y el jengibre, la cebolla y las castañas. Llevar a ebullición, tapar y cocinar a fuego lento durante 20 minutos. Retire la tapa y continúe cocinando a fuego lento hasta que la salsa se haya reducido.

Pollo dorado

Para 4 personas

8 trozos pequeños de pollo

300 ml / ½ pt / 1¼ tazas de caldo de pollo

45 ml / 3 cucharadas de salsa de soja

15 ml / 1 cucharada de vino de arroz o jerez seco

5 ml / 1 cucharadita de azúcar

1 raíz de jengibre en rodajas, picada

Coloque todos los ingredientes en una sartén grande, lleve a ebullición, tape y cocine a fuego lento durante unos 30 minutos hasta que el pollo esté bien cocido. Retire la tapa y continúe cocinando a fuego lento hasta que la salsa se haya reducido.

Estofado De Pollo Dorado Marinado

Para 4 personas

4 trozos de pollo

300 ml / ½ pt / 1¼ tazas de salsa de soja

aceite para freír

4 cebolletas (cebolletas), en rodajas gruesas

1 rodaja de raíz de jengibre, picada

2 chiles rojos, en rodajas

3 dientes de anís estrellado

50 g / 2 oz de brotes de bambú, en rodajas

150 ml / 1½ pt / generosa ½ taza de caldo de pollo

30 ml / 2 cucharadas de harina de maíz (maicena)

60 ml / 4 cucharadas de agua

5 ml / 1 cucharadita de aceite de sésamo

Cortar el pollo en trozos grandes y marinar en la salsa de soja durante 10 minutos. Retirar y escurrir, reservando la salsa de soja. Calentar el aceite y sofreír el pollo durante unos 2 minutos hasta que esté ligeramente dorado. Retirar y escurrir. Vierta todo menos 30 ml / 2 cucharadas de aceite, luego agregue las cebolletas, el jengibre, los chiles y el anís estrellado y fría durante 1 minuto. Regrese el pollo a la sartén con los brotes de bambú y la salsa de soja reservada y agregue el caldo suficiente para cubrir el pollo. Lleve a ebullición y cocine a fuego lento durante unos 10 minutos hasta que el pollo esté tierno. Retire el pollo de la salsa con una espumadera y colóquelo en una fuente para servir tibia. Cuela la salsa y luego regrésala a la sartén. Mezcle la harina de maíz y el agua hasta obtener una pasta, agregue la salsa y cocine a fuego lento, revolviendo, hasta que la salsa espese.

Monedas de oro

Para 4 personas

4 filetes de pechuga de pollo
30 ml / 2 cucharadas de miel
30 ml / 2 cucharadas de vinagre de vino
30 ml / 2 cucharadas de salsa de tomate (salsa de tomate)
30 ml / 2 cucharadas de salsa de soja
pizca de sal
2 dientes de ajo machacados
5 ml / 1 cucharadita de polvo de cinco especias
45 ml / 3 cucharadas de harina normal (para todo uso)
2 huevos batidos
5 ml / 1 cucharadita de jengibre de raíz rallado
5 ml / 1 cucharadita de cáscara de limón rallada
100 g / 4 oz / 1 taza de pan rallado seco
aceite para freír

Pon el pollo en un bol. Mezcle la miel, el vinagre de vino, la salsa de tomate, la salsa de soja, la sal, el ajo y el polvo de cinco especias. Vierta sobre el pollo, revuelva bien, tape y deje marinar en el refrigerador por 12 horas.

Retire el pollo de la marinada y córtelo en tiras gruesas. Espolvoree con harina. Batir los huevos, el jengibre y la cáscara de limón. Cubra el pollo con la mezcla y luego con el pan rallado hasta que esté uniformemente cubierto. Calentar el aceite y sofreír el pollo hasta que esté dorado.

Pollo al vapor con jamón

Para 4 personas

4 porciones de pollo
100 g / 4 oz de jamón ahumado, picado
3 cebolletas (cebolletas), picadas
15 ml / 1 cucharada de aceite de cacahuete
sal y pimienta recién molida
15 ml / 1 cucharada de perejil de hoja plana

Picar las porciones de pollo en trozos de 5 cm / 1 y colocar en un bol refractario con el jamón y las cebolletas. Espolvoree con aceite y sazone con sal y pimienta, luego mezcle los ingredientes suavemente. Coloque el tazón sobre una rejilla en una vaporera, cubra y cocine al vapor sobre agua hirviendo durante unos 40 minutos hasta que el pollo esté tierno. Sirve adornado con perejil.

Pollo con Salsa Hoisin

Para 4 personas

4 porciones de pollo, cortadas por la mitad

50 g / 2 oz / ½ taza de harina de maíz (maicena)

aceite para freír

10 ml / 2 cucharaditas de raíz de jengibre rallada

2 cebollas picadas

225 g / 8 oz de floretes de brócoli

1 pimiento rojo picado

225 g / 8 oz de champiñones

250 ml / 8 fl oz / 1 taza de caldo de pollo

45 ml / 3 cucharadas de vino de arroz o jerez seco

45 ml / 3 cucharadas de vinagre de sidra

45 ml / 3 cucharadas de salsa hoisin

20 ml / 4 cucharaditas de salsa de soja

Cubra los trozos de pollo con la mitad de la harina de maíz. Calentar el aceite y freír los trozos de pollo unos a la vez durante unos 8 minutos hasta que estén dorados y bien cocidos. Retirar de la sartén y escurrir sobre papel de cocina. Retire todo menos 30 ml / 2 cucharadas de aceite de la sartén y saltee el jengibre durante 1 minuto. Agrega las cebollas y sofríe durante 1 minuto. Agrega el brócoli, la pimienta y los champiñones y sofríe durante

2 minutos. Combine el caldo con la harina de maíz reservada y los ingredientes restantes y agregue a la sartén. Lleve a ebullición, revolviendo y cocine hasta que la salsa se aclare. Regrese el pollo al wok y cocine, revolviendo, durante aproximadamente 3 minutos hasta que esté bien caliente.

Pollo con miel

Para 4 personas

30 ml / 2 cucharadas de aceite de cacahuete

4 trozos de pollo

30 ml / 2 cucharadas de salsa de soja

120 ml / 4 fl oz / ½ taza de vino de arroz o jerez seco

30 ml / 2 cucharadas de miel

5 ml / 1 cucharadita de sal

1 cebolla tierna (cebolleta), picada

1 rodaja de raíz de jengibre, finamente picada

Calentar el aceite y sofreír el pollo hasta que se dore por todos lados. Escurre el exceso de aceite. Mezcle los ingredientes restantes y viértalos en la sartén. Lleve a ebullición, cubra y cocine a fuego lento durante unos 40 minutos hasta que el pollo esté bien cocido.

Pollo kung pao

Para 4 personas

450 g / 1 libra de pollo, en cubos

1 clara de huevo

5 ml / 1 cucharadita de sal

30 ml / 2 cucharadas de harina de maíz (maicena)

60 ml / 4 cucharadas de aceite de cacahuete

25 g / 1 oz de chiles rojos secos, recortados

5 ml / 1 cucharadita de ajo picado

15 ml / 1 cucharada de salsa de soja

15 ml / 1 cucharada de vino de arroz o jerez seco 5 ml / 1 cucharadita de azúcar

5 ml / 1 cucharadita de vinagre de vino

5 ml / 1 cucharadita de aceite de sésamo

30 ml / 2 cucharadas de agua

Colocar el pollo en un bol con la clara de huevo, la sal y la mitad de la maicena y dejar macerar durante 30 minutos. Calentar el aceite y freír el pollo hasta que esté ligeramente dorado y luego retirarlo de la sartén. Recalentar el aceite y sofreír los pimientos y el ajo durante 2 minutos. Regrese el pollo a la sartén con la salsa de soja, vino o jerez, azúcar, vinagre de vino y aceite de sésamo y saltee durante 2 minutos. Mezcle la harina de maíz restante con el agua, revuélvala en la sartén y cocine a fuego lento, revolviendo, hasta que la salsa se aclare y espese.

Pollo con Puerros

Para 4 personas

30 ml / 2 cucharadas de aceite de cacahuete
5 ml / 1 cucharadita de sal
225 g / 8 oz de puerros, en rodajas
1 rodaja de raíz de jengibre, picada
225 g / 8 oz de pollo, en rodajas finas
15 ml / 1 cucharada de vino de arroz o jerez seco
15 ml / 1 cucharada de salsa de soja

Calentar la mitad del aceite y freír la sal y los puerros hasta que estén ligeramente dorados y luego retirarlos de la sartén. Calentar el aceite restante y freír el jengibre y el pollo hasta que estén ligeramente dorados. Añadir el vino o el jerez y la salsa de soja y freír 2 minutos más hasta que el pollo esté cocido. Regrese los puerros a la sartén y revuelva hasta que estén bien calientes. Sirva de una vez.

Pollo al limón

Para 4 personas

4 pechugas de pollo deshuesadas

2 huevos

50 g / 2 oz / ½ taza de harina de maíz (maicena)

50 g / 2 oz / ½ taza de harina común (para todo uso)

150 ml / ¼ pt / generosa ½ taza de agua

aceite de cacahuete para freír

250 ml / 8 fl oz / 1 taza de caldo de pollo

60 ml / 5 cucharadas de jugo de limón

30 ml / 2 cucharadas de vino de arroz o jerez seco

30 ml / 2 cucharadas de harina de maíz (maicena)

30 ml / 2 cucharadas de puré de tomate (pasta)

1 lechuga

Corta cada pechuga de pollo en 4 trozos. Batir los huevos, la maicena y la harina común, agregando el agua suficiente para hacer una masa espesa. Coloque los trozos de pollo en la masa y revuelva hasta que estén bien cubiertos. Calentar el aceite y sofreír el pollo hasta que esté dorado y bien cocido.

Mientras tanto, mezcla el caldo, el jugo de limón, el vino o jerez, la maicena y el puré de tomate y calienta suavemente, revolviendo, hasta que hierva. Cocine a fuego lento, revolviendo continuamente, hasta que la salsa espese y se aclare. Coloque el pollo en un plato para servir caliente sobre una cama de hojas de lechuga y viértalo sobre la salsa o sírvalo por separado.

Salteado De Pollo Al Limón

Para 4 personas

450 g / 1 libra de pollo deshuesado, en rodajas

30 ml / 2 cucharadas de jugo de limón

15 ml / 1 cucharada de salsa de soja

15 ml / 1 cucharada de vino de arroz o jerez seco

30 ml / 2 cucharadas de harina de maíz (maicena)

30 ml / 2 cucharadas de aceite de cacahuete

2,5 ml / ½ cucharadita de sal

2 dientes de ajo machacados

50 g / 2 oz de castañas de agua, cortadas en tiras

50 g / 2 oz de brotes de bambú, cortados en tiras

unas hojas chinas, cortadas en tiras

60 ml / 4 cucharadas de caldo de pollo

15 ml / 1 cucharada de puré de tomate (pasta)

15 ml / 1 cucharada de azúcar

15 ml / 1 cucharada de jugo de limón

Coloca el pollo en un bol. Mezclar el jugo de limón, la salsa de soja, el vino o el jerez y 15 ml / 1 cucharada de harina de maíz, verter sobre el pollo y dejar marinar durante 1 hora, volteando ocasionalmente.

Caliente el aceite, la sal y el ajo hasta que el ajo esté ligeramente dorado, luego agregue el pollo y la marinada y saltee durante unos 5 minutos hasta que el pollo esté ligeramente dorado. Agrega las castañas de agua, los brotes de bambú y las hojas chinas y sofríe durante 3 minutos más o hasta que el pollo esté cocido. Agregue los ingredientes restantes y saltee durante unos 3 minutos hasta que la salsa se aclare y espese.

Hígados de pollo con brotes de bambú

Para 4 personas

225 g / 8 oz de hígados de pollo, en rodajas gruesas
45 ml / 3 cucharadas de vino de arroz o jerez seco
45 ml / 3 cucharadas de aceite de maní (maní)
15 ml / 1 cucharada de salsa de soja
100 g / 4 oz de brotes de bambú, en rodajas
100 g / 4 oz de castañas de agua, en rodajas
60 ml / 4 cucharadas de caldo de pollo
sal y pimienta recién molida

Mezclar los hígados de pollo con el vino o jerez y dejar reposar 30 minutos. Calentar el aceite y freír los hígados de pollo hasta que estén ligeramente dorados. Agrega la marinada, la salsa de soja, los brotes de bambú, las castañas de agua y el caldo. Llevar a ebullición y sazonar con sal y pimienta. Tape y cocine a fuego lento durante unos 10 minutos hasta que estén tiernos.

Hígados de pollo fritos

Para 4 personas

450 g / 1 lb de hígados de pollo, cortados por la mitad
50 g / 2 oz / ½ taza de harina de maíz (maicena)
aceite para freír

Seque los hígados de pollo y luego espolvoree con harina de maíz, sacudiendo el exceso. Calentar el aceite y freír los hígados de pollo durante unos minutos hasta que estén dorados y bien cocidos. Escurrir sobre papel de cocina antes de servir.

Hígados de Pollo con Mangetout

Para 4 personas

225 g / 8 oz de hígados de pollo, en rodajas gruesas

10 ml / 2 cucharaditas de harina de maíz (maicena)

10 ml / 2 cucharaditas de vino de arroz o jerez seco

15 ml / 1 cucharada de salsa de soja

45 ml / 3 cucharadas de aceite de maní (maní)

2,5 ml / ½ cucharadita de sal

2 rodajas de raíz de jengibre, picadas

100 g / 4 oz de tirabeques (guisantes)

10 ml / 2 cucharaditas de harina de maíz (maicena)

60 ml / 4 cucharadas de agua

Coloca los hígados de pollo en un bol. Agregue la harina de maíz, el vino o el jerez y la salsa de soja y mezcle bien para cubrir. Calentar la mitad del aceite y freír la sal y el jengibre hasta que estén ligeramente dorados. Agrega el tirabeque y sofríe hasta que esté bien cubierto de aceite y luego retíralo de la sartén. Calentar el aceite restante y freír los hígados de pollo durante 5 minutos hasta que estén bien cocidos. Mezcle la harina de maíz y el agua hasta obtener una pasta, revuélvala en la sartén y cocine a fuego lento, revolviendo, hasta que la salsa se aclare y espese.

Regrese el mangetout a la sartén y cocine a fuego lento hasta que esté bien caliente.

Hígados de pollo con tortitas de fideos

Para 4 personas

30 ml / 2 cucharadas de aceite de cacahuete

1 cebolla en rodajas

450 g / 1 lb de hígados de pollo, cortados por la mitad

2 tallos de apio, en rodajas

120 ml / 4 fl oz / ½ taza de caldo de pollo

15 ml / 1 cucharada de harina de maíz (maicena)

15 ml / 1 cucharada de salsa de soja

30 ml / 2 cucharadas de agua

panqueque de fideos

Calentar el aceite y sofreír la cebolla hasta que se ablande. Agrega los hígados de pollo y sofríe hasta que estén coloreadas. Agrega el apio y sofríe durante 1 minuto. Agrega el caldo, lleva a ebullición, tapa y cocina a fuego lento durante 5 minutos. Mezcle la harina de maíz, la salsa de soja y el agua hasta obtener una pasta, revuelva en la sartén y cocine a fuego lento, revolviendo, hasta que la salsa se aclare y espese. Vierta la mezcla sobre el panqueque de fideos y sirva.

Hígados de pollo con salsa de ostras

Para 4 personas

45 ml / 3 cucharadas de aceite de maní (maní)

1 cebolla picada

225 g / 8 oz de hígados de pollo, cortados por la mitad

100 g / 4 oz de champiñones, en rodajas

30 ml / 2 cucharadas de salsa de ostras

15 ml / 1 cucharada de salsa de soja

15 ml / 1 cucharada de vino de arroz o jerez seco

120 ml / 4 fl oz / ½ taza de caldo de pollo

5 ml / 1 cucharadita de azúcar

15 ml / 1 cucharada de harina de maíz (maicena)

45 ml / 3 cucharadas de agua

Calentar la mitad del aceite y freír la cebolla hasta que se ablande. Agrega los hígados de pollo y fríelos hasta que tomen un color. Agrega los champiñones y sofríe durante 2 minutos. Mezclar la salsa de ostras, la salsa de soja, el vino o jerez, el caldo y el azúcar, verterlo en la sartén y llevar a ebullición, revolviendo. Mezcle la harina de maíz y el agua hasta obtener una pasta, agréguela a la sartén y cocine a fuego lento, revolviendo hasta que la salsa se aclare y espese y los hígados estén tiernos.

Hígados de Pollo con Piña

Para 4 personas

225 g / 8 oz de hígados de pollo, cortados por la mitad

45 ml / 3 cucharadas de aceite de maní (maní)

30 ml / 2 cucharadas de salsa de soja

15 ml / 1 cucharada de harina de maíz (maicena)

15 ml / 1 cucharada de azúcar

15 ml / 1 cucharada de vinagre de vino

sal y pimienta recién molida

100 g / 4 oz de trozos de piña

60 ml / 4 cucharadas de caldo de pollo

Escaldar los hígados de pollo en agua hirviendo durante 30 segundos y luego escurrir. Calentar el aceite y sofreír los hígados de pollo durante 30 segundos. Mezcle la salsa de soja, la harina de maíz, el azúcar, el vinagre de vino, la sal y la pimienta, vierta en la sartén y revuelva bien para cubrir los hígados de pollo. Agregue los trozos de piña y el caldo y saltee durante unos 3 minutos hasta que los hígados estén cocidos.

Hígados de pollo agridulces

Para 4 personas

30 ml / 2 cucharadas de aceite de cacahuete

450 g / 1 lb de hígados de pollo, en cuartos

2 pimientos verdes, cortados en trozos

4 rodajas de piña enlatada, cortada en trozos

60 ml / 4 cucharadas de caldo de pollo

30 ml / 2 cucharadas de harina de maíz (maicena)

10 ml / 2 cucharaditas de salsa de soja

100 g / 4 oz / ½ taza de azúcar

120 ml / 4 fl oz / ½ taza de vinagre de vino

120 ml / 4 fl oz / ½ taza de agua

Calienta el aceite y fríe los hígados hasta que estén ligeramente dorados y luego transfiérelos a un plato para servir tibio. Agrega los pimientos a la sartén y sofríe durante 3 minutos. Agregue la piña y el caldo, lleve a ebullición, tape y cocine a fuego lento durante 15 minutos. Mezcle los ingredientes restantes hasta obtener una pasta, revuelva en la sartén y cocine a fuego lento, revolviendo, hasta que la salsa espese. Vierta sobre los hígados de pollo y sirva.

Pollo con Lichis

Para 4 personas

3 pechugas de pollo
60 ml / 4 cucharadas de harina de maíz (maicena)
45 ml / 3 cucharadas de aceite de maní (maní)
5 cebolletas (cebolletas), en rodajas
1 pimiento rojo cortado en trozos
120 ml / 4 fl oz / ½ taza de salsa de tomate
120 ml / 4 fl oz / ½ taza de caldo de pollo
5 ml / 1 cucharadita de azúcar
275 g / 10 oz de lichis pelados

Corta las pechugas de pollo por la mitad y retira y desecha los huesos y la piel. Corte cada pechuga en 6. Reserve 5 ml / 1 cucharadita de harina de maíz y mezcle el pollo en el resto hasta que esté bien cubierto. Calentar el aceite y sofreír el pollo durante unos 8 minutos hasta que se dore. Agrega las cebolletas y el pimiento y sofríe durante 1 minuto. Mezclar la salsa de tomate, la mitad del caldo y el azúcar y mezclar con los lichis en el wok. Lleve a ebullición, cubra y cocine a fuego lento durante unos 10 minutos hasta que el pollo esté bien cocido. Mezcle la harina de maíz reservada y el caldo y luego revuélvala en la sartén. Cocine a fuego lento, revolviendo, hasta que la salsa se aclare y espese.

Pollo con Salsa de Lichi

Para 4 personas

225 g / 8 oz de pollo

1 cebolleta (cebolleta)

4 castañas de agua

30 ml / 2 cucharadas de harina de maíz (maicena)

45 ml / 3 cucharadas de salsa de soja

30 ml / 2 cucharadas de vino de arroz o jerez seco

2 claras de huevo

aceite para freír

400 g / 14 oz de lichis enlatados en almíbar

5 cucharadas de caldo de pollo

Pica (muele) el pollo con la cebolleta y las castañas de agua. Mezclar la mitad de la maicena, 30 ml / 2 cucharadas de salsa de soja, el vino o jerez y las claras de huevo. Forma bolitas del tamaño de una nuez con la mezcla. Calentar el aceite y sofreír el pollo hasta que esté dorado. Escurrir sobre papel de cocina.

Mientras tanto, caliente suavemente el almíbar de lichi con el caldo y la salsa de soja reservada. Mezcle la harina de maíz restante con un poco de agua, revuélvala en la sartén y cocine a fuego lento, revolviendo, hasta que la salsa se aclare y espese. Agregue los lichis y cocine a fuego lento a fuego lento. Coloque el pollo en un plato para servir calentado, vierta sobre los lichis y la salsa y sirva de inmediato.

Pollo con Mangetout

Para 4 personas

225 g / 8 oz de pollo, en rodajas finas
5 ml / 1 cucharadita de harina de maíz (maicena)
5 ml / 1 cucharadita de vino de arroz o jerez seco
5 ml / 1 cucharadita de aceite de sésamo
1 clara de huevo, ligeramente batida
45 ml / 3 cucharadas de aceite de maní (maní)
1 diente de ajo machacado
1 rodaja de raíz de jengibre, picada
100 g / 4 oz de tirabeques (guisantes)
120 ml / 4 fl oz / ½ taza de caldo de pollo
sal y pimienta recién molida

Mezclar el pollo con la maicena, el vino o jerez, el aceite de sésamo y la clara de huevo. Calentar la mitad del aceite y freír el ajo y el jengibre hasta que estén ligeramente dorados. Agregue el pollo y fría hasta que esté dorado y luego retírelo de la sartén. Calentar el aceite restante y freír el tirabeque durante 2 minutos. Agrega el caldo, lleva a ebullición, tapa y cocina a fuego lento durante 2 minutos. Regrese el pollo a la sartén y sazone con sal y pimienta. Cocine a fuego lento hasta que esté completamente caliente.

Pollo con Mangos

Para 4 personas

100 g / 4 oz / 1 taza de harina común (para todo uso)
250 ml / 8 fl oz / 1 taza de agua
2,5 ml / ½ cucharadita de sal
pizca de polvo de hornear
3 pechugas de pollo
aceite para freír
1 rodaja de raíz de jengibre, picada
150 ml / ¼ pt / generosa ½ taza de caldo de pollo
45 ml / 3 cucharadas de vinagre de vino
45 ml / 3 cucharadas de vino de arroz o jerez seco
20 ml / 4 cucharaditas de salsa de soja
10 ml / 2 cucharaditas de azúcar
10 ml / 2 cucharaditas de harina de maíz (maicena)
5 ml / 1 cucharadita de aceite de sésamo
5 cebolletas (cebolletas), en rodajas
400 g / 11 oz de mangos enlatados, escurridos y cortados en tiras

Batir la harina, el agua, la sal y el polvo de hornear. Dejar reposar durante 15 minutos. Retire y deseche la piel y los huesos del pollo. Corta el pollo en tiras finas. Mézclalos con la mezcla de harina. Calentar el aceite y freír el pollo durante unos 5 minutos hasta que se dore. Retirar de la sartén y escurrir sobre papel de cocina. Retire todo menos 15 ml / 1 cucharada de aceite del wok y saltee el jengibre hasta que esté ligeramente dorado. Mezclar el caldo con el vinagre de vino, vino o jerez, salsa de soja, azúcar, harina de maíz y aceite de sésamo. Agregue a la sartén y deje hervir, revolviendo. Agregue las cebolletas y cocine a fuego lento durante 3 minutos. Agregue el pollo y los mangos y cocine a fuego lento, revolviendo, durante 2 minutos.

Melón Relleno De Pollo

Para 4 personas

350 g / 12 oz de carne de pollo

6 castañas de agua

2 vieiras sin cáscara

4 rodajas de raíz de jengibre

5 ml / 1 cucharadita de sal

15 ml / 1 cucharada de salsa de soja

600 ml / 1 pt / 2½ tazas de caldo de pollo

8 melones cantalupo pequeños o 4 medianos

Picar finamente el pollo, las castañas, las vieiras y el jengibre y mezclar con la sal, la salsa de soja y el caldo. Corta la parte superior de los melones y saca las semillas. Serrar los bordes superiores. Rellena los melones con la mezcla de pollo y colócalos sobre una rejilla en una vaporera. Cocine al vapor sobre agua hirviendo durante 40 minutos hasta que el pollo esté cocido.

Salteado de Pollo y Champiñones

Para 4 personas

45 ml / 3 cucharadas de aceite de maní (maní)

1 diente de ajo machacado

1 cebolla tierna (cebolleta), picada

1 rodaja de raíz de jengibre, picada

225 g / 8 oz de pechuga de pollo, cortada en rodajas

225 g / 8 oz de champiñones

45 ml / 3 cucharadas de salsa de soja

15 ml / 1 cucharada de vino de arroz o jerez seco

5 ml / 1 cucharadita de harina de maíz (maicena)

Calentar el aceite y sofreír el ajo, la cebolleta y el jengibre hasta que estén ligeramente dorados. Agrega el pollo y sofríe durante 5 minutos. Agrega los champiñones y sofríe durante 3 minutos. Agregue la salsa de soja, el vino o el jerez y la harina de maíz y saltee durante unos 5 minutos hasta que el pollo esté bien cocido.

Pollo con Champiñones y Cacahuetes

Para 4 personas

30 ml / 2 cucharadas de aceite de cacahuete

2 dientes de ajo machacados

1 rodaja de raíz de jengibre, picada

450 g / 1 libra de pollo deshuesado, en cubos

225 g / 8 oz de champiñones

100 g / 4 oz de brotes de bambú, cortados en tiras

1 pimiento verde en cubos

1 pimiento rojo cortado en cubos

250 ml / 8 fl oz / 1 taza de caldo de pollo

30 ml / 2 cucharadas de vino de arroz o jerez seco

15 ml / 1 cucharada de salsa de soja

15 ml / 1 cucharada de salsa tabasco

30 ml / 2 cucharadas de harina de maíz (maicena)

30 ml / 2 cucharadas de agua

Calentar el aceite, el ajo y el jengibre hasta que el ajo esté ligeramente dorado. Agrega el pollo y sofríe hasta que esté ligeramente dorado. Agrega las setas, los brotes de bambú y los pimientos y sofríe durante 3 minutos. Agrega el caldo, el vino o jerez, la salsa de soja y la salsa tabasco y lleva a ebullición, revolviendo. Tape y cocine a fuego lento durante unos 10 minutos hasta que el pollo esté bien cocido. Mezcle la harina de maíz y el agua y mezcle con la salsa. Cocine a fuego lento, revolviendo, hasta que la salsa se aclare y espese, agregando un poco más de caldo o agua si la salsa está demasiado espesa.

Pollo Salteado con Champiñones

Para 4 personas

6 hongos chinos secos

1 pechuga de pollo, en rodajas finas

1 rodaja de raíz de jengibre, picada

2 cebolletas (cebolletas), picadas

15 ml / 1 cucharada de harina de maíz (maicena)

15 ml / 1 cucharada de vino de arroz o jerez seco

30 ml / 2 cucharadas de agua

2,5 ml / ½ cucharadita de sal

45 ml / 3 cucharadas de aceite de maní (maní)

225 g / 8 oz de champiñones, en rodajas

100 g / 4 oz de brotes de soja

15 ml / 1 cucharada de salsa de soja

5 ml / 1 cucharadita de azúcar

120 ml / 4 fl oz / ½ taza de caldo de pollo

Remojar los champiñones en agua tibia durante 30 minutos y luego escurrir. Deseche los tallos y corte las tapas. Coloca el pollo en un bol. Mezclar el jengibre, las cebolletas, la maicena, el vino o el jerez, el agua y la sal, incorporar al pollo y dejar reposar durante 1 hora. Calentar la mitad del aceite y sofreír el pollo hasta que esté ligeramente dorado y luego retirarlo de la sartén.

Calentar el aceite restante y sofreír los champiñones secos y frescos y los brotes de soja durante 3 minutos. Agregue la salsa de soja, el azúcar y el caldo, lleve a ebullición, tape y cocine a fuego lento durante 4 minutos hasta que las verduras estén tiernas. Regrese el pollo a la sartén, revuelva bien y vuelva a calentar suavemente antes de servir.

Pollo al vapor con champiñones

Para 4 personas

4 trozos de pollo

30 ml / 2 cucharadas de harina de maíz (maicena)

30 ml / 2 cucharadas de salsa de soja

3 cebolletas (cebolletas), picadas

2 rodajas de jengibre de raíz, picado

2,5 ml / ½ cucharadita de sal

100 g / 4 oz de champiñones, en rodajas

Picar los trozos de pollo en trozos de 5 cm / 2 y colocarlos en un recipiente refractario. Mezcle la harina de maíz y la salsa de soja hasta obtener una pasta, agregue las cebolletas, el jengibre y la sal y mezcle bien con el pollo. Incorpora suavemente los champiñones. Coloque el tazón sobre una rejilla en una vaporera, cubra y cocine al vapor sobre agua hirviendo durante unos 35 minutos hasta que el pollo esté tierno.

Pollo con Cebolla

Para 4 personas

60 ml / 4 cucharadas de aceite de cacahuete

2 cebollas picadas

450 g / 1 libra de pollo, en rodajas

30 ml / 2 cucharadas de vino de arroz o jerez seco

250 ml / 8 fl oz / 1 taza de caldo de pollo

45 ml / 3 cucharadas de salsa de soja

30 ml / 2 cucharadas de harina de maíz (maicena)

45 ml / 3 cucharadas de agua

Calentar el aceite y sofreír las cebollas hasta que estén ligeramente doradas. Agrega el pollo y sofríe hasta que esté ligeramente dorado. Agregue el vino o jerez, el caldo y la salsa de soja, lleve a ebullición, tape y cocine a fuego lento durante 25 minutos hasta que el pollo esté tierno. Mezcle la harina de maíz y el agua hasta obtener una pasta, revuélvala en la sartén y cocine a fuego lento, revolviendo, hasta que la salsa se aclare y espese.

Pollo a la naranja y al limón

Para 4 personas

350 g / 1 lb de carne de pollo, cortada en tiras

30 ml / 2 cucharadas de aceite de cacahuete

2 dientes de ajo machacados

2 rodajas de raíz de jengibre, picadas

cáscara rallada de ½ naranja

cáscara rallada de ½ limón

45 ml / 3 cucharadas de jugo de naranja

45 ml / 3 cucharadas de jugo de limón

15 ml / 1 cucharada de salsa de soja

3 cebolletas (cebolletas), picadas

15 ml / 1 cucharada de harina de maíz (maicena)

45 ml / 1 cucharada de agua

Escaldar el pollo en agua hirviendo durante 30 segundos y luego escurrir. Calentar el aceite y sofreír el ajo y el jengibre durante 30 segundos. Agrega la cáscara y el jugo de naranja y limón, la salsa de soja y las cebolletas y sofríe durante 2 minutos. Agregue el pollo y cocine a fuego lento durante unos minutos hasta que el pollo esté tierno. Mezcle la harina de maíz y el agua hasta obtener una pasta, revuelva en la sartén y cocine a fuego lento, revolviendo, hasta que la salsa espese.

Pollo con Salsa de Ostras

Para 4 personas

30 ml / 2 cucharadas de aceite de cacahuete

1 diente de ajo machacado

1 rodaja de jengibre finamente picado

450 g / 1 libra de pollo, en rodajas

250 ml / 8 fl oz / 1 taza de caldo de pollo

30 ml / 2 cucharadas de salsa de ostras

15 ml / 1 cucharada de vino de arroz o jerez

5 ml / 1 cucharadita de azúcar

Calentar el aceite con el ajo y el jengibre y freír hasta que se dore un poco. Agregue el pollo y saltee durante unos 3 minutos hasta que esté ligeramente dorado. Agregue el caldo, la salsa de ostras, el vino o el jerez y el azúcar, lleve a ebullición, revolviendo, luego cubra y cocine a fuego lento durante unos 15 minutos, revolviendo ocasionalmente, hasta que el pollo esté bien cocido. Retire la tapa y continúe cocinando, revolviendo, durante unos 4 minutos hasta que la salsa se haya reducido y espesado.

Paquetes de pollo

Para 4 personas

225 g / 8 oz de pollo
30 ml / 2 cucharadas de vino de arroz o jerez seco
30 ml / 2 cucharadas de salsa de soja
papel encerado o pergamino para hornear
30 ml / 2 cucharadas de aceite de cacahuete
aceite para freír

Cortar el pollo en cubos de 5 cm / 2. Mezclar el vino o el jerez y la salsa de soja, verter sobre el pollo y revolver bien. Tapar y dejar reposar durante 1 hora, revolviendo de vez en cuando. Cortar el papel en cuadrados de 10 cm y untar con aceite. Escurre bien el pollo. Coloque una hoja de papel en la superficie de trabajo con una esquina apuntando hacia usted. Coloque un trozo de pollo en el cuadrado justo debajo del centro, doble la esquina inferior y vuelva a doblar para encerrar el pollo. Dobla los lados y luego dobla hacia abajo la esquina superior para asegurar el paquete. Calentar el aceite y sofreír los paquetes de pollo durante unos 5 minutos hasta que estén cocidos. Sirva caliente en los paquetes para que los invitados se abran.

Pollo con Maní

Para 4 personas

225 g / 8 oz de pollo, en rodajas finas

1 clara de huevo, ligeramente batida

10 ml / 2 cucharaditas de harina de maíz (maicena)

45 ml / 3 cucharadas de aceite de maní (maní)

1 diente de ajo machacado

1 rodaja de raíz de jengibre, picada

2 puerros picados

30 ml / 2 cucharadas de salsa de soja

15 ml / 1 cucharada de vino de arroz o jerez seco

100 g / 4 oz de cacahuetes tostados

Mezclar el pollo con la clara de huevo y la maicena hasta que quede bien cubierto. Calentar la mitad del aceite y sofreír el pollo hasta que esté dorado, luego retirar de la sartén. Calentar el aceite restante y freír y el ajo y el jengibre hasta que se ablanden. Agrega los puerros y sofríe hasta que estén ligeramente dorados. Agregue la salsa de soja y el vino o jerez y cocine a fuego lento durante 3 minutos. Regrese el pollo a la sartén con los cacahuetes y cocine a fuego lento hasta que esté completamente caliente.

Pollo con Mantequilla de Maní

Para 4 personas

4 pechugas de pollo, cortadas en cubitos

sal y pimienta recién molida

5 ml / 1 cucharadita de polvo de cinco especias

45 ml / 3 cucharadas de aceite de maní (maní)

1 cebolla cortada en cubitos

2 zanahorias, cortadas en cubitos

1 rama de apio, cortado en cubitos

300 ml / ½ pt / 1¼ tazas de caldo de pollo

10 ml / 2 cucharaditas de puré de tomate (pasta)

100 g / 4 oz de mantequilla de maní

15 ml / 1 cucharada de salsa de soja

10 ml / 2 cucharaditas de harina de maíz (maicena)

pizca de azúcar morena

15 ml / 1 cucharada de cebollino picado

Sazone el pollo con sal, pimienta y cinco especias en polvo. Calentar el aceite y sofreír el pollo hasta que esté tierno. Retirar de la sartén. Agregue las verduras y fría hasta que estén tiernas pero aún crujientes. Mezclar el caldo con el resto de los ingredientes excepto el cebollino, remover en la sartén y dejar hervir. Regrese el pollo a la sartén y vuelva a calentar, revolviendo. Sirve espolvoreado con azúcar.

Pollo con Guisantes

Para 4 personas

60 ml / 4 cucharadas de aceite de cacahuete

1 cebolla picada

450 g / 1 libra de pollo, cortado en cubitos

sal y pimienta recién molida

100 g / 4 oz de guisantes

2 tallos de apio picados

100 g de champiñones picados

250 ml / 8 fl oz / 1 taza de caldo de pollo

15 ml / 1 cucharada de harina de maíz (maicena)

15 ml / 1 cucharada de salsa de soja

60 ml / 4 cucharadas de agua

Calentar el aceite y sofreír la cebolla hasta que esté ligeramente dorada. Agrega el pollo y fríelo hasta que tenga color. Sazone con sal y pimienta y agregue los guisantes, el apio y los champiñones y revuelva bien. Agrega el caldo, lleva a ebullición, tapa y cocina a fuego lento durante 15 minutos. Mezcle la harina de maíz, la salsa de soja y el agua hasta obtener una pasta, revuélvala en la sartén y cocine a fuego lento, revolviendo, hasta que la salsa se aclare y espese.

Pollo de Pekín

Para 4 personas

4 porciones de pollo
sal y pimienta recién molida
5 ml / 1 cucharadita de azúcar
1 cebolla tierna (cebolleta), picada
1 rodaja de raíz de jengibre, picada
15 ml / 1 cucharada de salsa de soja
15 ml / 1 cucharada de vino de arroz o jerez seco
15 ml / 1 cucharada de harina de maíz (maicena)
aceite para freír

Coloque las porciones de pollo en un recipiente poco profundo y espolvoree con sal y pimienta. Mezclar el azúcar, la cebolleta, el jengibre, la salsa de soja y el vino o jerez, untar el pollo, tapar y dejar macerar durante 3 horas. Escurrir el pollo y espolvorearlo con harina de maíz. Calentar el aceite y sofreír el pollo hasta que esté dorado y bien cocido. Escurrir bien antes de servir.

Pollo con Pimientos

Para 4 personas

60 ml / 4 cucharadas de salsa de soja

45 ml / 3 cucharadas de vino de arroz o jerez seco

45 ml / 3 cucharadas de harina de maíz (maicena)

450 g / 1 libra de pollo, picado (molido)

60 ml / 4 cucharadas de aceite de cacahuete

2,5 ml / ½ cucharadita de sal

2 dientes de ajo machacados

2 pimientos rojos cortados en cubos

1 pimiento verde en cubos

5 ml / 1 cucharadita de azúcar

300 ml / ½ pt / 1¼ tazas de caldo de pollo

Mezcle la mitad de la salsa de soja, la mitad del vino o jerez y la mitad de la maicena. Vierta sobre el pollo, revuelva bien y déjelo marinar durante al menos 1 hora. Calentar la mitad del aceite con la sal y el ajo hasta que el ajo esté ligeramente dorado. Agregue el pollo y la marinada y saltee durante unos 4 minutos hasta que el pollo se ponga blanco y luego retírelo de la sartén. Agrega el aceite restante a la sartén y sofríe los pimientos durante 2 minutos. Agregue el azúcar a la sartén con la salsa de soja restante, el vino o jerez y la harina de maíz y mezcle bien.

Agregue el caldo, lleve a ebullición y cocine a fuego lento, revolviendo, hasta que la salsa espese. Regrese el pollo a la sartén, cubra y cocine a fuego lento durante 4 minutos hasta que el pollo esté bien cocido.

Pollo Salteado con Pimientos

Para 4 personas

1 pechuga de pollo, en rodajas finas
2 rodajas de raíz de jengibre, picadas
2 cebolletas (cebolletas), picadas
15 ml / 1 cucharada de harina de maíz (maicena)
30 ml / 2 cucharadas de vino de arroz o jerez seco
30 ml / 2 cucharadas de agua
2,5 ml / ½ cucharadita de sal
45 ml / 3 cucharadas de aceite de maní (maní)
100 g / 4 oz de castañas de agua, en rodajas
1 pimiento rojo cortado en tiras
1 pimiento verde cortado en tiritas
1 pimiento amarillo cortado en tiritas
30 ml / 2 cucharadas de salsa de soja
120 ml / 4 fl oz / ½ taza de caldo de pollo

Coloca el pollo en un bol. Mezclar el jengibre, las cebolletas, la maicena, el vino o el jerez, el agua y la sal, incorporar al pollo y dejar reposar durante 1 hora. Calentar la mitad del aceite y sofreír el pollo hasta que esté ligeramente dorado y luego retirarlo de la sartén. Calentar el aceite restante y sofreír las castañas de agua y los pimientos durante 2 minutos. Agregue la salsa de soja y el caldo, lleve a ebullición, tape y cocine a fuego lento durante 5 minutos hasta que las verduras estén tiernas. Regrese el pollo a la sartén, revuelva bien y vuelva a calentar suavemente antes de servir.

Pollo y Piña

Para 4 personas

30 ml / 2 cucharadas de aceite de cacahuete

5 ml / 1 cucharadita de sal

2 dientes de ajo machacados

450 g / 1 libra de pollo deshuesado, en rodajas finas

2 cebollas en rodajas

100 g / 4 oz de castañas de agua, en rodajas

100 g / 4 oz de trozos de piña

30 ml / 2 cucharadas de vino de arroz o jerez seco

450 ml / ¾ pt / 2 tazas de caldo de pollo

5 ml / 1 cucharadita de azúcar

pimienta recién molida

30 ml / 2 cucharadas de jugo de piña

30 ml / 2 cucharadas de salsa de soja

30 ml / 2 cucharadas de harina de maíz (maicena)

Caliente el aceite, la sal y el ajo hasta que el ajo se torne ligeramente dorado. Agrega el pollo y sofríe durante 2 minutos. Agrega las cebollas, las castañas de agua y la piña y sofríe durante 2 minutos. Agrega el vino o jerez, el caldo y el azúcar y sazona con pimienta. Llevar a ebullición, tapar y cocinar a fuego lento durante 5 minutos. Mezcle el jugo de piña, la salsa de soja y la harina de maíz. Revuelva en la sartén y cocine a fuego lento, revolviendo hasta que la salsa espese y se aclare.

Pollo con Piña y Lichis

Para 4 personas

30 ml / 2 cucharadas de aceite de cacahuete
225 g / 8 oz de pollo, en rodajas finas
1 rodaja de raíz de jengibre, picada
15 ml / 1 cucharada de salsa de soja
15 ml / 1 cucharada de vino de arroz o jerez seco
200 g / 7 oz de trozos de piña enlatada en almíbar
200 g / 7 oz de lichis enlatados en almíbar
15 ml / 1 cucharada de harina de maíz (maicena)

Calentar el aceite y freír el pollo hasta que tenga un color ligero. Agregue la salsa de soja y el vino o jerez y revuelva bien. Mide 250 ml / 8 fl oz / 1 taza de la mezcla de sirope de piña y lichi y reserva 30 ml / 2 cucharadas. Agregue el resto a la sartén, lleve a ebullición y cocine a fuego lento durante unos minutos hasta que el pollo esté tierno. Agrega los trozos de piña y los lichis. Mezcle la harina de maíz con el almíbar reservado, revuelva en la sartén y cocine a fuego lento, revolviendo, hasta que la salsa se aclare y espese.

Pollo con Cerdo

Para 4 personas

1 pechuga de pollo, en rodajas finas

100 g / 4 oz de carne de cerdo magra, en rodajas finas

60 ml / 4 cucharadas de salsa de soja

15 ml / 1 cucharada de harina de maíz (maicena)

1 clara de huevo

45 ml / 3 cucharadas de aceite de maní (maní)

3 rodajas de raíz de jengibre picadas

50 g / 2 oz de brotes de bambú, en rodajas

225 g / 8 oz de champiñones, en rodajas

225 g / 8 oz de hojas chinas, ralladas

120 ml / 4 fl oz / ½ taza de caldo de pollo

30 ml / 2 cucharadas de agua

Mezcle el pollo y el cerdo. Mezcle la salsa de soja, 5 ml / 1 cucharadita de harina de maíz y la clara de huevo y agregue el pollo y el cerdo. Dejar reposar 30 minutos. Calentar la mitad del aceite y freír el pollo y el cerdo hasta que estén ligeramente dorados y luego retirarlos de la sartén. Calentar el aceite restante y freír el jengibre, los brotes de bambú, los champiñones y las hojas chinas hasta que estén bien cubiertos de aceite. Añadir el caldo y hervirlo. Regrese la mezcla de pollo a la sartén, tape y cocine a fuego lento durante unos 3 minutos hasta que las carnes estén tiernas. Mezcle la harina de maíz restante hasta obtener una pasta con el agua, revuelva en la salsa y cocine a fuego lento, revolviendo, hasta que la salsa espese. Sirva de una vez.

CPSIA information can be obtained
at www.ICGtesting.com
Printed in the USA
BVHW031003300622
641020BV00013B/965